中国科普作家协会国防科普委员会推荐图书

舰船科普丛书

中国船舶及海洋工程设计研究院
上海市船舶与海洋工程学会
上海交通大学

主 编

# 挖 泥 船

徐春阳　刘厚恕　于再红

编 著

上海科学技术出版社

图书在版编目(CIP)数据

挖泥船/中国船舶及海洋工程设计研究院,上海市船舶与海洋工程学会,上海交通大学主编;徐春阳,刘厚恕,于再红编著.—上海:上海科学技术出版社,2020.1

(国之重器:舰船科普丛书)

ISBN 978-7-5478-4646-9

Ⅰ.①挖… Ⅱ.①中… ②上… ③上… ④徐… ⑤刘… ⑥于… Ⅲ.①挖泥船-青少年读物 Ⅳ.①U674.31-49

中国版本图书馆CIP数据核字(2019)第256902号

舰船科普丛书

## 挖泥船

中国船舶及海洋工程设计研究院
上海市船舶与海洋工程学会   主编
上 海 交 通 大 学

徐春阳 刘厚恕 于再红 编著

---

上海世纪出版(集团)有限公司
上海科学技术出版社  出版、发行
(上海钦州南路71号 邮政编码200235 www.sstp.cn)
上海盛通时代印刷有限公司印刷
开本 787×1092 1/16 印张 14.5
字数 240千字
2020年1月第1版 2020年1月第1次印刷
ISBN 978-7-5478-4646-9/N·191
定价:80.00元

---

本书如有缺页、错装或坏损等严重质量问题,请向工厂联系调换

# 内容提要

　　挖泥船是疏浚工程的利器。本书介绍了挖泥船的历史渊源、作用、种类等，回顾了机械式和水力式挖泥船的发展沿革，探究了主要类型挖泥船的工作原理、重要装备系统和作业程序，着重介绍了中国与国外挖泥船的发展状况，特别是改革开放以来中国挖泥船快速发展历程，可使读者更好地了解神奇的挖泥船。

　　本书图文并茂，集通俗性、趣味性和知识性于一体，适合青少年和对舰船知识感兴趣的普通读者阅读，以激励广大青少年朋友奋发图强，投身到舰船事业中，共同实现中华民族伟大复兴。

## 国之重器——舰船科普丛书 编委会

### 主 任
邢文华

### 副主任
黄 震　卢 霖　林 鸥　盛纪纲　胡敬东
韩 华　张 毅

### 委 员
陈 刚　沈伟平　姜为民　李小平　黄 蔚
赵洪武　王 洁　冯学宝　王 磊　张莉芬
张达勋　张 超　景宝金　吴伟俊　倪明杰
许 刚　孟宪海　王文凯　韩 龙　余继亮

国之重器——舰船科普丛书

# 专家委员会

### ■ 主　任

曾恒一　潘镜芙

### ■ 副主任

韩　华　郑茂礼　郑　晖　杨德昌　田小川

### ■ 委　员

王佩宏　张照华　郭彦良　张关根　杨葆和
俞宝均　张文德　张福民　涂仁波　毛献群
张祥瑞　马　涛　吴正廉　徐寿钦　陈德耀
张仲根　戴自昶　张　帆　田立群　罗杏春
马炳才　刘厚恕　张太佶　张富明　李志刚
李新仲　谢　彬　王建方　李刚强　吴　刚
徐　萍　王彩莲　张海瑛　仲伟东　于再红
丁伟康

## 国之重器——舰船科普丛书
# 编辑部

■ 主　编

张　毅

■ 编写人员（以姓氏笔画为序）

| 于再红 | 卫琛喻 | 王　庆 | 王　建 | 王　莉 |
| 王建方 | 韦　强 | 曲宁宁 | 任　毅 | 刘积骅 |
| 祁　斌 | 牟朝纲 | 牟蕾频 | 杨　添 | 李　成 |
| 李刚强 | 李招凤 | 吴贻欣 | 邱伟强 | 张宗科 |
| 张富明 | 林伍雄 | 范永鹏 | 尚亚杰 | 尚保国 |
| 罗杏春 | 单铁兵 | 赵吉庆 | 段雪琼 | 俞　赟 |
| 施　璟 | 洪　亮 | 姚　亮 | 贺慧琼 | 秦　硕 |
| 徐春阳 | 唐　尧 | 陶新华 | 黄小燕 | 曹大秋 |
| 曹才轶 | 曹永恒 | 梁东伟 | 韩　龙 | 虞民毅 |
| 魏跃峰 |

# 总 序

海洋之美，浩瀚、静谧、神秘。人类生存的地球表面71%覆盖着海洋，陆地被海洋包围着，仿若不沉之"舟"。

中华人民共和国，既是一个拥有960万平方千米陆地疆域的陆地大国，也是一个东部和南部大陆海岸线约1.8万千米、内海和边海的水域面积约470万平方千米、海域分布有大小岛屿7 600多个的海洋大国。提高海洋资源开发能力、发展海洋经济、保护海洋生态环境、坚持维护国家海洋权益、建设海洋强国，事关国家安全和长远发展，也对实现中华民族伟大复兴的中国梦具有十分重要的战略意义。

工欲善其事，必先利其器。经略海洋，装备当先。只有拥有强大的海洋装备作支撑，才能形成强大的海上力量，才能保障安全可靠的海上能源和贸易通道，才能拥有海洋权益的话语权。能犁开万顷碧波的舰船，正是建设海洋强国的"国之重器"。

经过几代中国舰船人的努力，我们取得了骄人的成绩。第一艘航母已交接入列，第二艘航母又下水海试；新型弹道导弹核潜艇受到世界各国的关注；"滨州"号护卫舰、"昆仑山"号船坞登陆舰等在亚丁湾为过往船只保驾护航；"临沂"号护卫舰参与也门撤侨，彰显大国担当；"和平方舟"号医院船多次赴海外开展医疗服务和救灾援助；自主设计制造的20 000箱超大型集装箱船助力中欧航线的运输；"天鲲"号绞吸挖泥船向世界展示什么叫作历练终成金；"雪龙2"号科考船即将承载起极地探索的使命……

这一个个令人振奋的消息背后，是"国之重器"建设大军只争朝夕、锐意进取、拼搏奋斗、攻坚克难的身影。"功以才成，业由才广"，世上一切事物中人是最宝贵的，一切创新成果都是人做出来的。硬实力、软实力，归根到底要靠人才实力。科技发展史证明：谁拥有了一流创新人才、拥有了一流科学家，谁就能在科技创新中占据优势。

在中国建设海洋强国的道路上，"国之重器"建设大军的每一个岗位都必须后继有

人，有人传承，有人接班！

少年强则中国强。为增强青少年的海洋和国防意识，普及舰船和海洋工程科学知识，我们编撰了一部以青少年为主要对象、面向公众的科普读物"国之重器——舰船科普丛书"（简称"丛书"）。丛书以舰船为主线，全面展现新中国成立近70年以来，自主研制国之重器的艰难历程及取得的辉煌成就，使广大青少年从中汲取知识、增长才干、坚定信念、强化担当。

这套丛书共20分册，涵盖海洋防卫、海洋运输、海洋科考、海洋开发等方面，包括：海上霸主——航空母舰、深海巨鲨——潜艇、海上科学城——航天测量船、探究海洋奥秘的科学考察船、造船工业皇冠上的明珠——液化气运输船、海上巨无霸——集装箱船、超大型油船、造岛神器——大型挖泥船、海上石油城——钻井平台等。

丛书由从事舰船和海洋工程科研、设计、建造的100余位专家、技术骨干和青年科技工作者执笔，并经30余位专家审阅，历时2年编写而成。

当代青少年和公众涉猎面广，超前意识和多维立体思维能力强，具有令人刮目相看的理解能力。丛书撰写者充分考虑到青少年和公众读者的阅读要求，量身定制、兼收并蓄，将舰船知识图谱化，采用重点讲解、型号示例等方法，使专业知识通俗易懂，增强了丛书的可读性。

**博览众采，传承知识。**丛书通过科学的体例设置，涵盖军用舰船、民用船舶和海工装备的相关知识，体系庞大而有序，知识通俗而有内涵，突出展现了丛书内容的鲜明特色，使广大青少年读者一书在手，舰船在胸。

——图谱化的舰船知识。丛书坚持知识性与趣味性相结合，以图文并茂的形式对一些典型舰船进行集中讲解，以便让读者掌握舰船的特点。

——通俗化的专业知识。丛书坚持专业性与通俗性的有机结合，用朴实的篇章构建舰船知识链，用易懂的语言精准描述舰船的工作原理、性能特点。

——人文化的历史知识。丛书追溯舰船诞生的起点，展望舰船发展的未来，彰显舰

船历史的人文特色，描绘出一幅幅人类设计建造舰船、塑造海洋文明的生动画卷。

**拓展视野，启迪心智**。丛书以舰船为载体，为广大青少年读者打开了世界舰船知识之门、中国舰船科技之窗，让读者驾驶生命之船，扬起思想风帆。

—— 认清大势，强化理念。丛书以舰船为媒，引导读者正确认识世界和中国。半个多世纪风雨兼程，中国船舶装备在变，舰船航迹在变，唯有"国之重器"建设者们"忠于党、忠于人民、忠于国家"的初心不改，信仰不变，继续弘扬突破自我、敢为人先的工匠精神，锲而不舍，发愤图强，国家利益所至，科技创新必达！

—— 明确主题，播种梦想。丛书以中国舰船制造励精图治、自力更生、发奋图强、勇创辉煌的历史红线，为每个青少年播种梦想、点燃梦想，让更多青少年敢于有梦、勇于追梦、勤于圆梦。

**激扬青春，陶冶情操**。理想指引人生方向，信念决定事业成败。丛书倾诉舰船昨天之历史故事，弹奏舰船今天之恢弘篇章，高歌舰船明日之瑰丽远景。

—— 弘扬爱国主义精神。丛书立足民族、面向世界，旨在激发广大读者的爱国情怀；以科学的视角，生动介绍了新中国成立以来我国舰船及海洋工程研制所取得的成就，讲述一代又一代科技人员怀着深厚的爱国情怀，为中国舰船事业发展所作的贡献。

—— 倡导奋进创新思想。丛书用世界舰船的历史史实启发读者认知：创新是民族进步的灵魂，是一个国家兴旺发达的不竭源泉。广大青少年读者应敢为人先，勇于解放思想、与时俱进，敢于上下求索、开拓进取，树立雄心壮志，努力超越前人。

—— 激励艰苦奋斗精神。丛书用中国舰船的历史史实引领读者感悟，我们的国家、我们的民族，从积贫积弱一步一步走到今天的繁荣富强，靠的就是一代又一代人的顽强拼搏，靠的就是中华民族自强不息的奋斗精神。

2016年5月30日，习近平总书记在全国科技创新大会、两院院士大会、中国科协第九次全国代表大会上的讲话指出：科技创新、科学普及是实现创新发展的两翼，要把科学普及放在与科技创新同等重要的位置。希望广大科技工作者以提高全民科学素质为己任，在

全社会推动形成讲科学、爱科学、学科学、用科学的良好氛围，使蕴藏在亿万人民中间的创新智慧充分释放、创新力量充分涌流。"国之重器——舰船科普丛书"正是习近平新时代中国特色社会主义思想的生动实践。

愿："国之重器——舰船科普丛书"构建一座智慧的熔炉，锻造中国青少年威武铁甲！

愿："国之重器——舰船科普丛书"筑起一个知识的平台，助力中国青少年纵横海疆！

愿："国之重器——舰船科普丛书"插上一双理想的翅膀，引领中国青少年翱翔海天！

中国工程院院士

2018年8月

# 前言

当人类社会政治、经济发展到一定程度、一定阶段，随着人们对大自然认知水平的提高、科学技术的进步和劳动生产工具的发明，人们必然会按自己的意愿和能力改造自然，调节人与自然的关系，以实现人与自然和谐相处，推动经济增长和社会进步。挖泥船作为疏浚工程的利器，是人类改造自然的工具中的一员。

挖泥船"能吃土，能抗压"，不仅用于开挖、疏浚河道，修建港口、船坞，而且还可以填海、筑坝、造岛，改善人类生存环境，从而发展经济，是造福于人类的重器。

20世纪以来，随着挖泥船技术的不断发展，人们创造了一项又一项伟大的杰作：荷兰利用挖泥船成功完成了须得海和三角洲工程，建立了5个垦区，迁入300多万人口，形成繁荣的经济区，使荷兰西南部摆脱水患的困扰，让人们安居乐业；阿联酋奇思妙想，人工填海造就迪拜四大港口和岛屿，丰富了人类建筑史；中国唐山曹妃甸围海造地，形成大码头、大钢铁、大化工、大电能基地；还有上海洋山深水港、南海明珠生态岛、港珠澳大桥等工程，均离不开挖泥船的参与，它们大显身手，创下了伟绩。

2017年11月3日，由中国自主设计并建造的亚洲最大、最先进的绞吸挖泥船"天鲲"号成功下水，这艘"造岛神器"令国人振奋、世界赞叹。2018年6月12日，"天鲲"号挖泥船又通过了为期4天的海试大考，其优异的疏浚能力再次吸引了全球的关注。2020年，"海上大型绞吸疏浚装备的自主研发与产业化"项目荣获"2019年度国家科技进步奖特等奖"。世界各地的网站、报纸以及电视台等主流媒体都竞相报道！

看着"天鲲"号成功下水以醒目的标题登上了《人民日报》要闻版，大家有没有一种热血沸腾的感觉啊！也许你会有一点好奇：一艘挖泥船而已，为何会点燃国人如此高的热情？牵动世界如此强烈的反响？

为了让读者更好地了解这艘神奇的挖泥船，普及挖泥船知识，我们编写了《挖泥船》

一书。本书介绍了挖泥船的历史渊源、作用、种类等，回顾了机械式和水力式挖泥船的发展沿革，探究了主要类型挖泥船的工作原理、重要装备系统和作业程序；着重介绍了中国与世界挖泥船的发展状况，特别是改革开放以来中国挖泥船快速发展历程，弘扬了中国船舶工人和广大造船人瞄准世界挖泥船前沿技术，奋楫猛进、自力更生、开拓创新的精神；最后展望了挖泥船的未来发展。今天，我国挖泥船的设计和建造技术已居世界领先水平，这是我国几代科研设计人员拼搏进取的成果。

人类在进步，科技在发展。人类科学合理地改造、利用、保护大自然任重而道远。希望读者通过本书知晓疏浚对人类社会经济发展的重要性，知晓以挖泥船为核心利器的疏浚业将会更深入和更广泛地参与人类生活的诸多方面，从而关心被人们亲切誉为疏浚界的"航母""造岛神器""地球编辑器"的大国重器——挖泥船！

编 者

2020年1月

舰船科普丛书

# 目 录

### 第1章
### 从疏浚中来——挖泥船的起源与作用 / 1

前世今生——挖泥船的起源与发展 / 2

挖泥船的作用 / 11

世人瞩目的宏伟工程 / 17

### 第2章
### 庞大家族——挖泥船的分类及特点 / 27

挖泥船的分类 / 28

水力式挖泥船 / 30

机械式挖泥船 / 53

其他疏浚船舶 / 67

## 第3章
### 十八般神器——挖泥船的主要设备 / 83

水力式挖泥船的关键装备——泥泵 / 84
挖泥船的动力装置 / 89
耙吸挖泥船的主要系统组成 / 93
绞吸挖泥船的主要系统组成 / 106
挖泥船的疏浚控制系统 / 113

## 第4章
### 名船博览——国外经典挖泥船 / 117

概述 / 118
现代国外耙吸挖泥船的经典船型 / 119
国外绞吸挖泥船经典船型 / 135

## 第5章
## 迎头赶上——中国挖泥船快速发展 / 151

新中国挖泥船制造业的成长历程 / 152

中国疏浚业挖泥船的强大实力 / 158

疏浚业"骏马"——中国著名耙吸挖泥船 / 164

水中"地鼠王"——中国著名绞吸挖泥船 / 180

## 第6章
## 未来挖泥船技术展望 / 197

高效节能,"大"行其道 / 198

绿色环保,"智"者为先 / 199

极目远眺,探究"深海" / 204

参考文献 / 213

后记 / 214

# 第 1 章
# 从疏浚中来
## ——挖泥船的起源与作用

"**富**润屋，德润身。"国之润，自疏浚始。

地球表面约71%被水覆盖。水，滋润着古老的世界文明。水与人们的生产生活、社会发展、国家兴衰息息相关。疏浚作为疏通、扩宽或挖深河湖等水域，用人力或机械进行水下土石方开挖的工程，伴随着人类文明的发展源远流长，而挖泥船最早的功用就是疏浚！下面我们就来认识疏浚，认识挖泥船。

前世今生
## 挖泥船的起源与发展

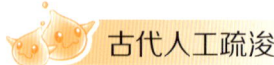

疏浚，自古有之。中国是一个水利大国，人们逐水而居，适应环境的同时也改造自然。在没有挖泥船之前，我国最早采用人工疏浚方法开挖运河、疏通河道、沟通水系以发展航运，拦筑堤坝以排洪灌溉，如大禹治水、隋炀帝扩修京杭大运河、李冰父子修筑都江堰等。

大禹是黄帝的后代，中国传说中的部落领袖。据记载，三皇五帝时期，黄河泛滥，大禹率领民众与洪水斗争，面对滔滔洪水，大禹从鲧治水的失败中吸取教训，改变了"堵"的办法，利用当时仅有的石器、木器、骨器等简易工具对洪水进行疏导，最终获得了胜利。

京杭大运河开掘于春秋时期，扩修于隋朝，繁荣于唐宋，取直于元代，疏通于明清（从公元前486年始凿，至公元1293年全线通航，前后共持续了1779年）。它南起余杭（今杭州），途经今浙江、江苏、山东、河北四省及天津、北京两市，贯通海河、黄河、淮河、长江、钱塘江五大水系，全长约1 797千米，是苏伊士运河的16倍。作为世界上里程最长、工程最大

> 图1　大禹治水

第1章 从疏浚中来——挖泥船的起源与作用

> 图2 京杭大运河——史上开凿最早的人工河

的古代运河之一，京杭大运河与长城、坎儿井并称为中国古代的三项伟大工程，是中国重要的一条南北水上干线，肩负着南

> 图3 烟波浩渺的大运河扬州段

### 疏 浚

疏浚即疏通、扩宽或挖深河湖等水域，通常指用人力或机械进行水下土石方开挖工程。

广义的疏浚包括用水下爆破法进行的炸礁、炸滩等，对航道、河流进行疏通。人工开挖适用于可断流施工的小河流，机械施工就可以广泛使用各类挖泥船或一些陆上施工机械。

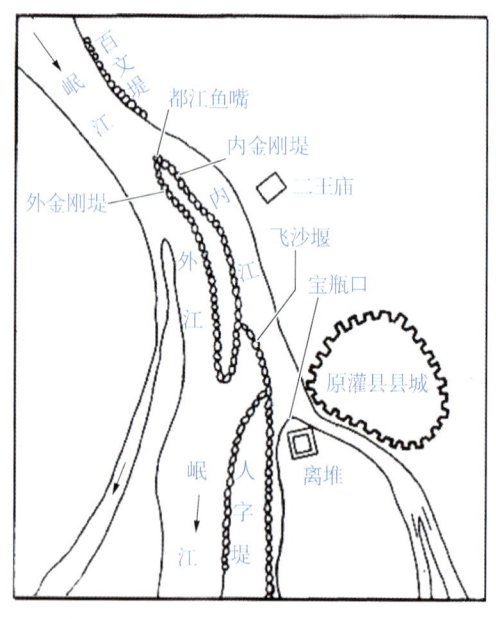

> 图4 都江堰疏浚主体工程

北大量物资的运输交换,为中国政治、经济和文化的发展做出了不可磨灭的贡献。2014年,京杭大运河项目成功入选"世界文化遗产"名录。

都江堰坐落在成都平原西部的岷江上,始建于秦昭王末年(约公元前256—前251),是蜀郡太守李冰父子为防洪灌溉而组织修建的大型水利工程,其主体工程主要由宝瓶口、分水鱼嘴、飞沙堰等部分组成。在修建了宝瓶口引水工程后,为了使岷江水能够顺利东流且保持一定的流量,并充分发挥宝瓶口的分洪和灌溉作用,修建者李冰又在岷江中修筑分水堰,将江水分为两支:一支顺江而下,另一支

> 图5 分水鱼嘴

被迫流入宝瓶口。由于分水堰前端的形状好像一条鱼的头部，所以被称为"分水鱼嘴"。都江堰是一个防洪、灌溉、航运综合水利工程，开创了中国古代水利史上的新纪元。2000年被联合国教科文组织列入"世界文化遗产"名录。

大禹治水、京杭大运河、都江堰等这些宏伟工程都是中国古代疏浚工程的代表，它们虽然历经几千年的岁月沧桑，至今仍在发挥巨大效益，造福于炎黄子孙。而且令人惊叹的是，当时这些疏浚工程建设主要还是依靠人力肩挑手挖和使用简易工具来完成的。

## 挖泥船的诞生

与中国古代疏浚方法相类似，国外人们早期的疏浚方法也很简单。在公元前4000年左右，人类文明还未发达到拥有大型复杂的挖泥设备。当时人类建设港口和航道只能依靠人力，工人趟入水中，使用一些简单工具（如铁锹）挖泥装入竹筐进行疏浚作业。

既然必须在水中作业，何不乘坐小船呢？人们在疏浚工程中开始在木船或竹筏上使用长竿泥袋、长柄斗勺等简单的工具捞取水底泥沙，这就是挖泥船的雏形灵感来源了！

腓尼基人对疏浚方法进行了第一次改造，他们开发了一种简单的挖泥船。在这条平底的小船上，一头有一根旋转杆，旋转杆的前端是一个挖泥用的勺子状设备，类似于耕地的犁，工人通过拉动绳索控制勺子的运动进行挖泥。当勺子里装满泥后，便通过旋转杆将泥倒入小船另一端的小舱里，小舱装满后，工人则驾船把泥运走倒掉。

之后，罗马工程师改进了这种挖泥船，把船建得更大更多，广泛运用于罗马帝国在各地的港口和河道的建设中。利用这种船，公元前6世纪埃及人开挖了第一条沟通尼罗河和红海的运河。而且这种船因为廉价的缘故，一直到20世纪60年代仍有人使用。

自早期的挖泥船诞生后，15世纪荷兰人又发明了新型挖泥船，这种挖泥船用风帆驱动，船底安装了很多类似于犁的设备，把犁系于船尾。疏浚作业时，这些犁利用船的动力耙松河底泥沙，松动后的泥

> 图6　耕地的犁

沙悬浮于水中，被水流冲走，带到深水处沉淀。这种挖泥船是现代耙吸挖泥船的雏形。

16世纪荷兰人又创造出一种"泥磨"，施工时，用人力或畜力转动平底木船上的大鼓轮，通过循环链条带动木刮板，将水底泥沙刮起，经溜泥槽卸入泥驳。这种船安装了一套循环旋转的链条，链条上是排列整齐的小斗。这种挖泥船是现代链斗挖泥船的雏形。作业时，链条伸入水底旋转，小斗将泥沙挖起并通过链条带回船上。这种挖泥船在当时一天可以挖400吨泥，挖掘深度可以达4.5米，相当于我们现在住的楼房的一层半么高。最开始时，链条旋转的动力是人力，直到1620年才被马替换。

17世纪初，在荷兰鹿特丹港的港口施工中，第一艘名为"泥碾船"的斗式挖泥船开始使用，它采用铜制斗勺取代木刮板，成为现代链斗挖泥船的雏形。1770年，世界首艘铁制链斗挖泥船终于在挖泥船王国荷兰诞生了。

## 挖泥船的发展

自首艘挖泥船诞生以来，随着世界疏浚行业的日渐兴起，挖泥船大家族得到了快速发展和壮大，产生了许多经典的疏浚神器，为人类的疏浚事业做出了不可磨灭的贡献！

纵观挖泥船的发展历程，大致可分为初生期、发展期和建造期三个阶段。

**初生期：机械动力挖泥船的新时代**

18世纪，蒸汽机的发明引发第一次工业革命，而以蒸汽机为动力的机械式挖泥船也问世了，当时主要是斗式及刮板式挖泥船，从此疏浚工程也开始了从人力为主变为机械为主的新时代。

> 图7 具有近现代色彩的自航链斗挖泥船

自从疏浚开始进入机械化时代以来，链斗挖泥船引领了世界疏浚业发展近2个世纪，足可见其在挖泥船中举足轻重的地位。20世纪50年代，欧洲各国的链斗挖泥船占全部挖泥船数量一半以上。

> 图8 德国O&K公司1898年建造的蒸汽机为动力的链斗挖泥船

> 图9　较早时期荷兰建造的链斗挖泥船"Big Dalton"号（借助传送带向后装驳）

除了欧洲居领先地位之外，挖泥船在亚洲、美洲、大洋洲也不同程度得到发展，尤其美国和日本，借工业发展的先机，在挖泥船的普及和推广使用中创造了不少佳绩，日本在抓斗挖泥船和气力泵清淤船的推广应用方面亦可圈可点。

### 发展期：水力疏浚挖泥船的春天

19世纪中叶，离心泵的发明为挖泥船疏浚提供了便利，至此，出现了一代新型的、应用水力疏浚原理进行疏浚工程的吸扬挖泥船，水力疏浚挖泥船迎来了快速发展的春天。

1855年，世界上第一艘舱容仅为118立方米的自航耙吸挖泥船在美国问世，该船名为"莫尔特里将军"号（General Moultrie），装有早期加利福尼亚耙头，但一般只能挖软泥。

美国早期耙吸挖泥船"泰勒"号（Taylor）的泥舱以下部位呈3（侧视）×2（横剖视）分隔的漏斗状布局，这和当今的双排"V"形泥舱底部结构形式颇为接

> 图10　具有近代色彩的直航链斗挖泥船"Kamal 26"号

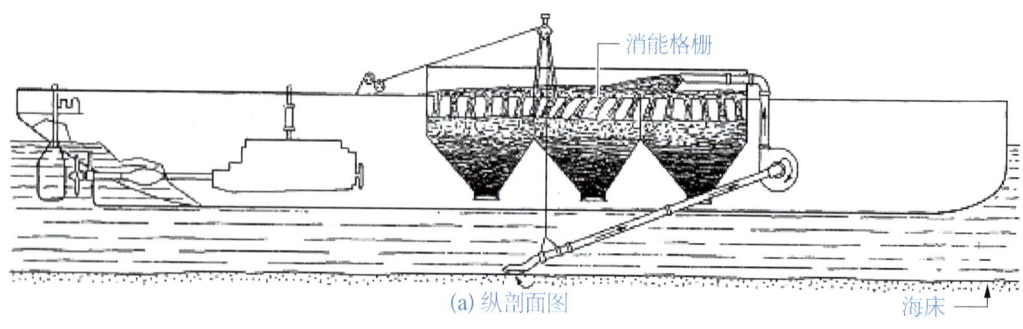

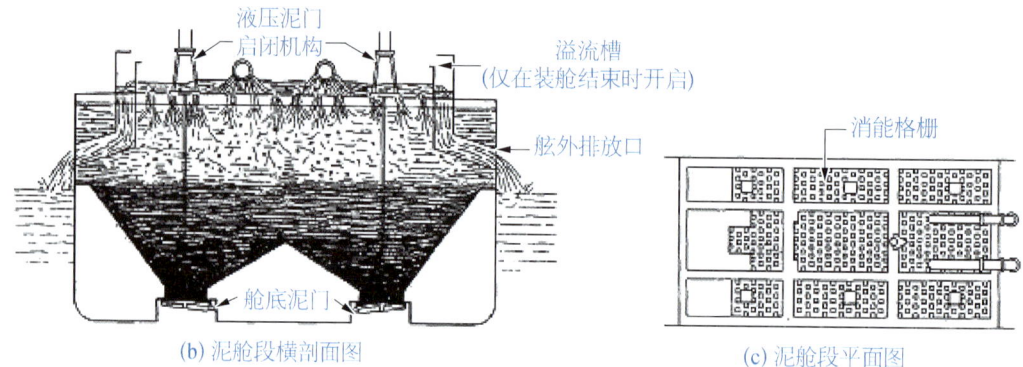

> 图11 美国工程兵部队的"泰勒"号耙吸挖泥船及泥舱表面防扰格栅

近,纵横多个底部泥门的设置既有利于装舱泥沙的快速平稳泄放,也有利于保持船舶浮态。

法国早期建造的一艘自航耙吸挖泥船,泥舱容积240立方米,两根耙吸管分列艏后两侧,甲板室后置,推进器及泥泵均采用蒸汽机驱动。

早期耙吸挖泥船的作业方式大体上仍沿用直吸挖泥船的"定吸"模式,不能实现自航耙吸作业,只能吸取低密度淤泥,与近现代耙吸挖泥船相去甚远。

直到1878年世界上首艘实用耙吸挖泥船"亚当2"号(Adam Ⅱ)在荷兰问世,

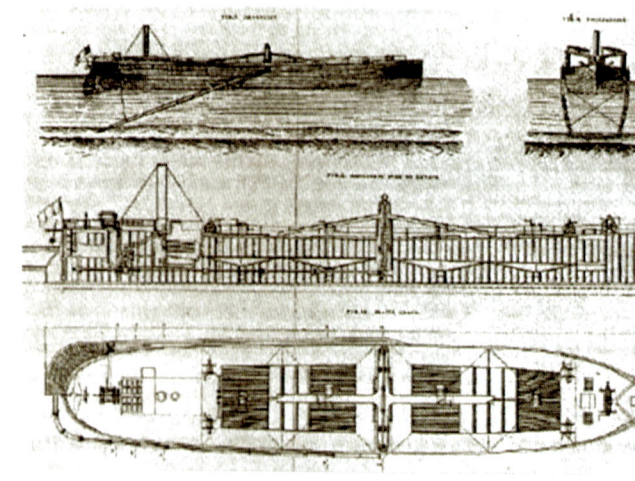

> 图12 1859年法国建造的带4个泥舱开口及装舱管的耙吸挖泥船

自此疏浚开始从锚缆定位、定点吸沙的简单形态向着真正意义上的自航耙吸作业跨出了重要一步,尽管技术上和今天相比还很粗放。

由锚缆移船定位走向自航耙吸作业,且挖、装、运、卸及至自行返回挖泥现场全过程均处于自航状态,是疏浚装备发展史上的一大飞跃,迄今众多疏浚装备中唯有耙吸挖泥船具备这一功能,可见其作为挖泥船队的"旗舰"乃是实至名归。

19世纪80年代初期,绞吸挖泥船在英国、美国、荷兰等国家率先得到开发使用。1884年第一艘绞吸挖泥船在美国加利福尼亚州西部港市奥克兰投入使用。

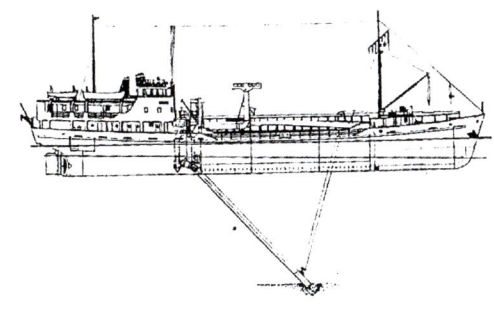

> 图13 早前定吸作业的耙吸挖泥船

耙管顺着船头方向入水,挖泥作业只能采取抛锚"定吸",而非自航耙吸作业(即后拖式)

在20世纪初,吸盘挖泥船最早出现在美国,是继链斗、耙吸、绞吸等船型以后出现的一种别具一格的船型。虽然在世界疏浚船队中吸盘挖泥船数量不多,却也在

> 图14 1900年前后的美国蒸汽动力明轮推进的吸盘挖泥船

历史长河中留下了120多年的印记,时至今日仍然没有其他船型替代它的位置。

在近现代世界各国疏浚船队中,耙吸挖泥船和绞吸挖泥船由于各自性能特征的优越性,通常在船队中占据主导地位。

### 建造期:大型智能挖泥船的崛起

19世纪末,柴油机代替了蒸汽机的地位,为大吨位、大功率、高效率的自航耙吸式、绞吸式挖泥船提供了动力条件。

20世纪50年代后,船舶迅速向大型化发展,要求开挖深水航道,建设深水港区来适应吃水深的超级油轮、集装箱船及散货船等,这就大大促进了世界疏浚业的发展,一大批用于在条件复杂的沿海施工和具备开挖深水航道、深水港区能力的大型挖泥船应运而生。大型耙吸挖泥船、绞吸挖泥船能在恶劣工况条件下深水作业,不仅使深水港区的建设及维护成为可能,改变了历来疏浚只能在内河、湖泊进行的地域限制,大大扩大了工程的地域范围,而且也给传统的疏浚行业注入了新的主题内容,那就是挖泥与造地相结合或单纯造地所需的吹填工程。

在20世纪60年代末之前,世界疏浚船队中占有主导地位的几乎一直是链斗挖泥船,其次是抓斗、绞吸挖泥船。然而,20世纪50年代后世界经济呈现发展新局面,海上贸易及能源开发为耙吸挖泥船的发展迎来了机遇,绞吸挖泥船在标准化、大型化、自航化和智能化方面取得了长足进步。特别是20世纪90年代初,伴随亚洲经济的复苏,世界疏浚业进入了所谓的"黄金十年",耙吸挖泥船进一步向大型、超巨型发展,世界上第一艘超巨型耙吸挖泥船——33 000立方米巨无霸船于2000年问世。历经100多年发展,尤其是艏吹排岸功能的推广应用,耙吸船在现今疏浚船队中的主导地位更加不可替代。

至此,经过几个世纪的发展,伴随着疏浚需求的不断增长和要求的提高,链斗式、铲斗式等一些新型挖泥船相继诞生,在疏浚工程中纷纷大显身手,发挥了疏浚利器的神奇作用!

> 图15 功率强大的自航绞吸挖泥船在亚洲日益增多

> 图16 现代耙吸挖泥船在大型吹填造地工程中的作用日渐显著

第1章 从疏浚中来——挖泥船的起源与作用

# 挖泥船的作用

**很**久以前,"精卫填海"的神话故事就在我国广为流传。优美的神话故事蕴含了丰富的道理:面对茫茫大海,小小"精卫鸟"的愿望也许永远都不能实现,但它那种面对困难锲而不舍的精神却是可敬的!

千百年过去了,在科学高度发展的今天,"精卫填海"的神话正在变成现实,"填海造陆"使一座座美丽的"人工岛"在海中拔地而起,一个个宽敞的"现代化机场"在海上落地生根,只不过,这填海的主角不是我们传说中的"精卫鸟",而是被人们亲切誉为"造岛神器"的挖泥船!

挖泥船,一听这名,够土;论相貌,"颜值"也不高。但世界上任何一个国家都以拥有大型挖泥船而骄傲,它可以称得上是名副其实的"大国重器"!这是为何?那是因为它的作用够牛:它不仅是水上"造岛""造机场"等大型工程的不二神器,而且是疏通航道、防洪防灾等疏浚工程的核心装备。下面就让我们通过一项项挖泥船创造的伟大工程来体会它的巨大作用吧!

 **河流湖泊疏浚淤泥的"清道夫"**

中国河流众多,但由于特殊的自然地理环境,许多河流存在水土流失的现象。

> 图17 挖泥船在荆州长江大桥下施工

全国平均每年约有18亿吨泥沙进入河流和海洋，并主要淤积在各江河的下河段和入海口附近，14亿吨泥沙淤积在水库、河道、湖泊和渠道中。如1968年长江口铜砂航道拦门沙久未疏浚，导致航道淤塞，水上交通不畅，经港口进出的内贸外需受到严重影响。因此，挖泥船这一"清道夫"功能就显得尤为突出。这些清淤"卫士"必须具备过硬的挖土本领和技能，还要能够具备在风急浪大的河海口航道或是枯水期的堤岸等区域进行疏浚作业的能力。

## 吹填造陆工程的"造岛神器"

据统计，全世界经济总量的60%集中在沿海地区。随着中国城市化进程加快，各沿海城市通过填海造陆的方式"向海洋要土地"的现象屡见不鲜，兴起了沿海城市填海造陆的热潮，也使挖泥船这一"造岛神器"有了施展才能的舞台！

在填海造陆中，传统的做法是打围堰或采用沉箱的方式，然后不断堆砌砂石料，制造出一片陆地，而现在有了"造岛神器"挖泥船的帮助，人工岛的建设就没那么复杂了。其填岛过程通常是：在挖泥船疏浚好一块区域以后，把一个个圆筒形的钢桩插到水下，里边再灌注泥沙，并通过连接片把它们连在一起，形成一个岛屿的形状轮廓，然后将它里边的水抽空排掉，在下面灌注岩石或者一些硬质的底质，在这过程中不断地排水，不断地放入一些泥沙，逐渐把它填充成岛，再进行整平工作，最后灌注混凝土把它建成一个岛屿。

一些海上机场建设项目也利用了填海造陆，如澳大利亚、日本均在海上人工半岛上修建过机场，国内已经成功建成的有香港、澳门、上海浦东机场。如香港国际机场占地1 275公顷，四分之三是填海而

> 图18 填岛的过程演示图

> 图19　1998年香港建造的国际机场人工岛

成，共投入1.8亿立方米的填海材料。

💧 **港口航道建设与维护的"不二法宝"**

党的十九大提出建设交通强国、美丽中国等重大战略，国家航运、水利投入持续增长，给挖泥船市场带来重大发展机遇。同时，随着"一带一路"倡议得到越来越多国家的响应，以及超大型集装箱船的投入使用，国内外许多港口、航道正在新建、改建，而挖泥船就是这些基础建设中当仁不让的主角。我国渤海湾的天津港、黄骅港，长江口地区的上海港，以及长江口深水航道分布着许多回淤强度较大的港口，建设与维护这些港口需要挖深大、结构坚固、抗风浪性能好、能开挖坚硬土质、装载能力大、排距远的大型挖泥船。

如天津港30万吨深水航道是在原25万吨级航道及航道拓宽工程的基础上，进

> 图20 "通途"号在天津港30万吨级航道施工

一步浚深拓宽而成，使主航道设计底标高由原来的-19.5米变为-21米。疏浚工程量约为3 130万立方米，涉及航道长度33.3千米，总投资逾14亿元。工程交工后，天津港主航道由44千米延长至45.5千米。为了确保工程进度，承建单位投入了9艘国内较为先进的大型挖泥船在航道内进行施工，当时国内乃至亚洲最大、最先进的设计仓容量为18 000立方米的"通程"号、20 000立方米的"通途"号耙吸式挖泥船也参与其中。

航道疏浚产生的土方按照循环经济理念，采用先进的"自航自挖"作业方式，将航道疏浚开挖出的土方运至吹填停泊水域后，通过连接的吹泥管线吹填至天津港南疆港区造陆，为该港区的造陆创造了有利条件。

> 图21 天津港30万吨级航道

天津港30万吨级深水航道疏浚工程交工后，天津港实现了两个突破：一是货物吞吐量的快速突破；二是靠岸船舶吨位的突破，可满足30万吨级油轮、散货船顺利进出天津港。该工程的建成加快了港口深水化、大型化、专业化的建设步伐，极大地提高了天津港的竞争力，使天津港成为北方国际航运中心，为打造世界一流深水大港奠定了基础。

另外，内河航道、港口也是内河航运最重要的基础设施。大力发展内河航运就需要建设以高等级航道为主体的干支直达、结构合理的航道体系，需要大量的挖泥船来进行建设和维护。目前，我国形成了以长江、珠江、京杭大运河、淮河、黑龙江和松辽水系为主体的内河水运布局。12.5米深水航道维护疏浚13 800立方米自航耙吸挖泥船正在黄埔文冲船厂开工建造，该船将是长江深水航道维护疏浚最大的耙吸挖泥船。为匹配黄骅港地理环境，"沧航浚1"号挖泥船在母型船基础上进行了一系列改进优化，满足了最新生效的规范、公约要求，环保性能有了大幅改善。

## 环保疏浚的"新式武器"

环保疏浚是近年来新兴的产业，环保型挖泥船及相关技术也越来越受到重视。

环保型挖泥船的设计建造是为了满足某些工程的特殊性，这些拼装式小型挖泥船广泛用于不能够通过水上交通将设备直接调遣到工地现场的工程，如中小型水库

> 图22　10 000立方米自航耙吸挖泥船"沧航浚1"号

的环保清淤工程、城市污水沟淤泥处理工程、城市水上乐园（公园）水下底泥清理工程以及一些环保类的特殊水上工程。这些年环保疏浚的疏浚量正在呈上升趋势，疏浚项目的数量、分布广度都在增加。特别是近几年，随着国民经济的不断发展，各国政府对环境治理的重视程度越来越高，投资力度也越来越大。环保疏浚行业为发展和壮大环保型挖泥船带来了无限前景。

随着海洋资源利用越来越引起重视，海洋油气和采矿业、海底管缆铺设和海岸养护等一些海洋新兴产业正逐步得到发展，并随之形成了海洋疏浚新市场，这些也都离不开挖泥船这个"开路先锋"。

> 图23　环保抓斗船在清污作业中

第1章 从疏浚中来——挖泥船的起源与作用

# 世人瞩目的宏伟工程

时至今日，挖泥船已成为疏浚最主要的工具。随着这些疏浚神器的诞生，一大批令世人瞩目的宏伟工程也随之横空出世，人们的美好生活得以逐步实现！

 **改天换地：打造世界一流深水大港**

上海洋山深水港陆域形成工程中，18平方千米的土地全部由挖泥船吹填而成。洋山深水港区位于杭州湾口外的浙江省嵊泗列岛，在上海的东南部。它由大洋山、小洋山等数十个岛屿组成，是中国首个在微小岛上建设的港口，是中国发展上海自贸区的一个示范。2005年12月10日，洋山深水港区（一期工程）顺利开港，为中国最大的集装箱深水港。时任国际港口协会会长皮特斯特鲁伊斯先后三次来洋山

> 图24 上海洋山深水港

港,感叹:"我走过世界上所有大港,也见过一些建在海岛的港口,但像依托洋山这样的孤岛,在离大陆如此远的地方,建规模如此大的现代化港口,殊为罕见。"

由于洋山深水港的加入,2010年,上海港完成集装箱吞吐量2 907万标准箱,首次超越新加坡成为全球最繁忙的集装箱港口。

洋山深水港工程一期、二期等陆域填筑完成,浅水的沙源已基本枯竭,因此大型深水疏浚挖泥船当仁不让成为主力军。"新海狮"号深水耙吸挖泥船就是专门为此而建的,在洋山深水港的建设施工中发挥了重要作用。

中国作为疏浚大国,在进行自身建设的同时,也积极为其他国家提供帮助。作为"一带一路"沿线的旗舰项目,中国港湾斯里兰卡科伦坡港口城项目为当地创造了8.3万个稳定的就业岗位。在项目工地上,"浚洋1"号、"万顷沙"号、"新海凤"号、"新海龙"号4条大型耙吸挖泥船同时进行虹吹造陆施工。

> 图25 深水耙吸挖泥船"新海狮"号

> 图26 中国4艘大型耙吸挖泥船在斯里兰卡科伦坡港口同时虹吹造陆

第1章 从疏浚中来——挖泥船的起源与作用 | 19

> 图27 10 028立方米大型耙吸挖泥船"万顷沙"号

 **百年工程：荷兰须德海工程与三角洲工程**

素有"疏浚王国"之称的荷兰西滨北海，是一个低地国家，全国约有1/4土地低于海平面，其国家的英文名称Netherland即"低洼之国"。长期以来，为了更好地生活，荷兰人民用风车排水，在海边开拓出大量土地，并修筑巨大的海堤将开拓的土地与海水分隔开来，使其成为肥美的田园，荷兰因而具有世界著名的

> 图28 荷兰围海造陆

> 图29 郁金香、风车与海洋的国家——荷兰

"围海造田"景观。

每一次大洪水都会改变荷兰版图,自13世纪以来,荷兰人建起了一座座大坝来抵御洪水。须德海工程与三角洲工程是荷兰比较著名的两项围海造陆工程。两项工程浩大,前后持续了近百年,不仅充分展示了荷兰人民的精神风貌,同时也见证了早期荷兰挖泥船所创造的功绩。

须德海工程于1920年开始施工,1932年结束。整个工程是一项大型挡潮围垦工程,主要包括修建拦海大堤和5个垦区。须德海工程的实施使防潮堤线缩短了45千米,改善了农田灌溉和排水条件,并可防止土地盐碱化。须德海阿夫鲁戴克大堤已成为连接荷兰东北部和西北部的交通干线;已建成的4个垦区,迁入约314.3万人,形成了繁荣的经济区。

三角洲工程是荷兰近代实施的又一比较著名的围海造陆工程,该工程项目持续了近30年之久,被誉为当今世界上最大、最成功的海洋防护网络,其技术难度当时有人将其比作"登月行动"!该工程的建设使荷兰西南部地区摆脱了水患的困扰,改善了鹿特丹至比利时安特卫普的交通,促进了该地区乃至全荷兰的经济发展。

> 图30 须德海工程建成的阿夫鲁戴克拦海大坝

第1章 从疏浚中来——挖泥船的起源与作用

> 图31 三角洲工程中的德-马仕朗大坝

## 世界第八奇迹：魅力无穷的迪拜人工港

提起旅游胜地迪拜，你的脑海中也许马上就会呈现出这样一幅画面：世界上唯一的7星级酒店"阿拉伯之星"的豪华、哈利法塔的梦幻、奇迹花园的美丽、沙漠风情的魅力……当然，肯定还少不了世界群岛、棕榈岛的震撼。然而你可知道，这并非自然界的鬼斧神工，而是人类的奇思妙想，完成这些填海工程的主角之一便是我们的挖泥船。迪拜创造奇迹的四大填海

> 图32 迪拜四大人工港口和岛屿

> 图33 棕榈岛

> 图34 迪拜棕榈岛星罗棋布的别墅群

第1章 从疏浚中来——挖泥船的起源与作用

> 图35 世界岛

工程包括中号的杰贝勒阿里棕榈岛、最小的朱美拉棕榈岛、世界岛、最大的代拉棕榈岛。这些由人类填海创造的人工群岛是人类建筑史上的奇迹,据说在太空上都能看到,被誉为世界第八大奇迹!人们享受的沙滩正是由挖泥船造就的哟!虽然目前这些岛屿还没有完全竣工,但有人已经预测,未来10年建成后的迪拜游客将增加6倍,有望将阿联酋由区域性旅游大国提升为世界级旅游大国。

 **旧貌换新颜:拓建优美人居工程**

在看了以上一些有关挖泥船参与建设的经典项目后,也许你还觉得不过瘾,那再让你集中见识一下挖泥船"编辑"地球的鬼斧神工吧!

距上海市中心约75千米的滴水湖,其面积相当于杭州西湖,也是挖泥船在滩涂上开挖出来的。疏浚它的土方量大约相当于15座金茂大厦的规模。

海口南海明珠生态岛项目则是另一项投资逾千亿元的项目,位于海口西海岸附近,是海南省及海口市大型旅游基础设施工程。南海明珠人工岛岸线全长7.7千米,目前已全部完成南海明珠生态岛陆域吹填工作,造地约216.1公顷,通过岛式围填形成呈太极状的平面形态,陆域逾266公

> 图36 俯瞰滴水湖

顷。海口南海明珠生态岛定位为"海上梦天堂·东方迈阿密",致力于打造世界级标志性海湾景观区域和国际知名度假胜地。建成后可有效解决海口市目前滨海但不临海的现状,为旅游人士提供高端的亲水环境,拓展海口旅游空间,同时促进海南旅

### 小贴士

#### 滴水湖

滴水湖位于上海市最东南端、杭州湾与长江口交汇处、东海之滨的临港新城。滴水湖呈圆形,直径为2 500米,总面积为556万平方米,建造滴水湖开挖土方约1 780万立方米。

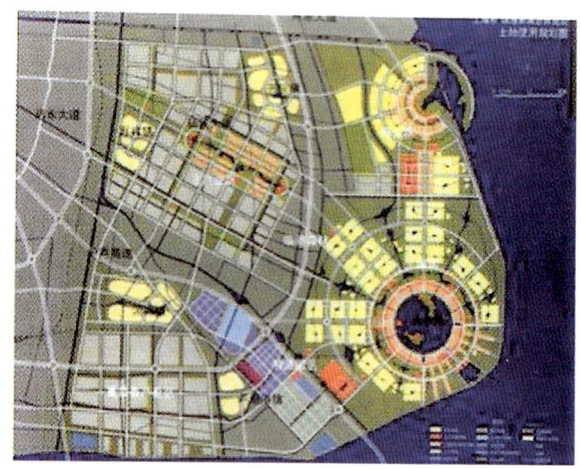

> 图37 位于浦东南汇的滴水湖人居工程

游产业优化升级。

伶仃洋上港珠澳大桥的东西人工岛建设，又是一抹亮色！港珠澳大桥海底隧道东西人工岛是水上桥梁与水下隧道的衔接部分，为全线路段的重点配套工程。东人工岛西边距铜鼓航道中心1 563米，采用椭圆形布设，岛长625米，宽225米，总面积为10.316 1万平方米；西人工岛东边距伶仃西航道中心2 018米，总面积为9.796 2万平方米；为减少阻水效应，两岛均位于-10米等深线以外。

> 图38　海口南海明珠生态岛

> 图39　港珠澳大桥人工岛施工现场

# 第2章
# 庞大家族
## ——挖泥船的分类及特点

通过前面一章，我们已经初步了解了挖泥船所创造的"宏伟事业"，对于它的本领和重要性，一定令你刮目相看了吧。

不过，正所谓术业有专攻，疏浚业太过庞大，各类疏浚工程也非常复杂，因此不是一种挖泥船就能包打天下的，而是有一个庞大的挖泥船家族，其成员各司其职，而且这个家族至今仍在不断发展壮大之中。

让我们进一步走近挖泥船家族，去更深入地了解它们吧！

## 挖泥船的分类

挖泥船是众多工程船舶中的一类，是人类经过长期的生产实践活动而发展起来的一种有效的疏浚设备，主要作业对象是疏浚土。

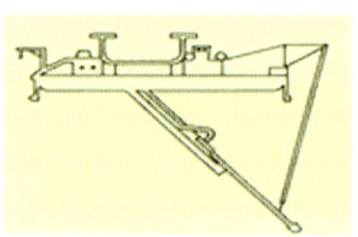
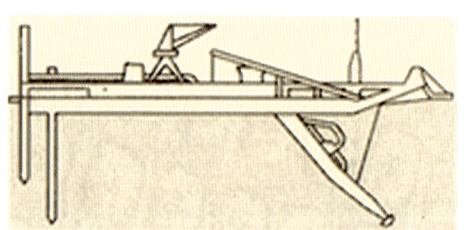
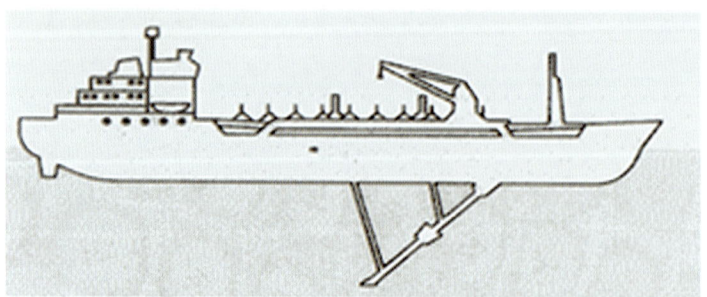

> 图40　典型水力式挖泥船船型外观示意图

第2章 庞大家族——挖泥船的分类及特点

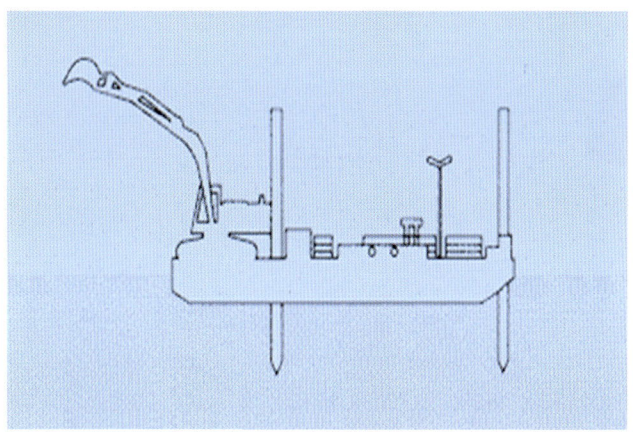

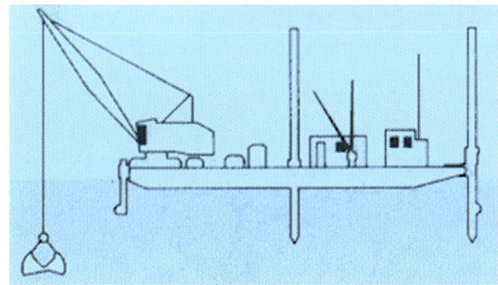
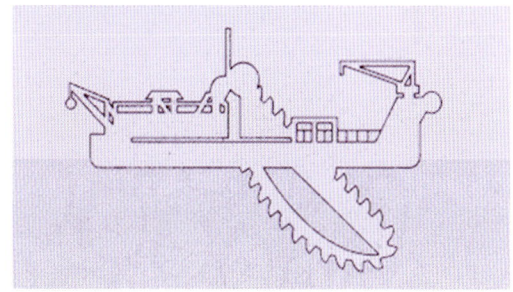

> 图41 典型机械式挖泥船船型外观示意图

在200多年的发展过程中，挖泥船已形成了一个庞大的家族。长期以来，无论国内或是国外，挖泥船传统上都按其作用原理加以划分，即水力式挖泥船和机械式挖泥船两大门类。水力式挖泥船又根据不同的系统组成区分为耙吸式、绞吸式以及吸盘式挖泥船等；机械式挖泥船亦依据不同的系统组成分为链斗式、铲斗式和抓斗式挖泥船等。

随着时间的推移和技术的进步，无论是水力式还是机械式挖泥船，在作业形式上已经发生了重大的变化，作业效率也有了不同程度上的提高。比如，随着液压技术的出现，抓斗、铲斗式挖泥船已由早期单一的绳索斗派生出了液压硬臂斗；耙吸挖泥船上的机械设备由早期的一机一带进化为一机多带的复合驱动方式，明显提高了装船设备的利用力。尽管如此，这些演变并未改变各自的作业原理。

大多数挖泥船还有自航和非自航（即自身不具备航行能力）的区别。

以下我们将会对主要挖泥船的船型特点及作业方式等逐一给大家介绍。

# 水力式挖泥船

水力式挖泥船（又称吸扬式挖泥船）是挖泥船的一大家族，它种类多、独门"武器"多，包括了耙吸、绞吸、斗轮挖泥船等，在疏浚船队中的主力地位不可动摇。

水力式挖泥船是利用泥泵真空吸力的作用原理，借助吸排泥管或装驳系统，抑或自行将吸入的泥沙送出船外预定场所的一类挖泥船，其核心装备是泥泵。

 **耙吸挖泥船**

耙吸挖泥船是水力式挖泥船中的重要组成部分。它具有自航能力及大装载泥

> 图42 自航耙吸挖泥船艺术效果图

舱，并配有泥泵、耙头、耙管及吊架等。在低速航行时，通过放下置于船体两舷或艉部的耙管，在泥泵的真空吸力作用下，由贴近底部泥层的耙头连续吸起泥沙，经由泥管进入舱内，直至满舱，并航行到排泥区域，用适当的方式排空泥舱内泥沙后自行返回继续作业。自航耙吸挖泥船机动灵活，效率高，对被挖掘对象具有较广泛的适应能力，抗风浪力强，适宜在沿海港口、宽阔的江面和船舶锚地作业。

### 分类分级

耙吸挖泥船通常是根据泥舱容积大小来制定分级标准。

20世纪90年代初，小型耙吸挖泥船为500~4 000立方米；中型耙吸挖泥船为4 000~9 000立方米；大型耙吸挖泥船为9 000~1 7000立方米；超大型为17 000立方米以上。

国际疏浚指南在2012年8月出版的《疏浚与港口建设》上对耙吸挖泥船做了新的分级规定：小型耙吸挖泥船为4 000立方米以下；中型为4 000~8 000立方米；大型为8 000~1 5000立方米；巨型为15 000~30 000立方米；超巨型为30 000立方米以上。

### 系统组成

耙吸挖泥船的主要系统组成有：舱内泥泵，耙头及其所依附的耙管，用于收放耙头、耙管的甲板吊放系统，用于调控耙头提升缆绳张力的波浪补偿装置，泥舱、泥门及其启闭系统，消能及溢流系统，高/低压水系统抽舱及排岸系统，推进系统，以及浚、驾操控系统等。

### 发展历程

在20世纪60年代末之前，世界疏浚船队中占有主导地位的几乎一直是链斗挖泥船，其次是抓斗、绞吸挖泥船。我国直

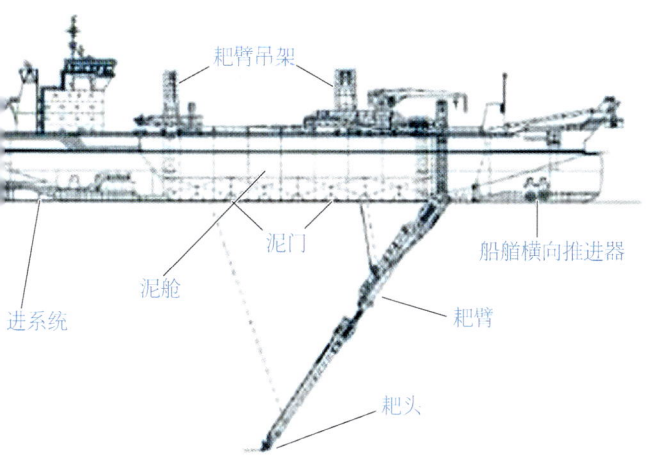

> 图43 耙吸挖泥船主要系统组成示意图

至20世纪60年代末都还不曾自行建造过一艘耙吸挖泥船,多从欧洲、日本引进。

随着世界经济呈现发展新局面,海上贸易及能源开发为耙吸挖泥船的发展繁荣带来了机遇。特别是20世纪90年代初,伴随亚洲经济的复苏,世界疏浚业进入了所谓的"黄金十年",耙吸挖泥船也进一步向大型、超大型化发展:世界上第一艘超巨型耙吸挖泥船——33 000立方米巨无霸船"达伽马"号于2000年问世,其后10余年间新建改建30 000立方米以上超巨型耙吸挖泥船达8艘之多,最大舱容达46 000立方米,几乎尽数为欧洲四大疏浚公司所拥有。最近10~20年耙吸挖泥船在设计、建造、材质、动态定位和动态跟踪(DP/DT)系统等自动化监控仪表的装船应用以及可持续发展理念等诸多方面都有了长足的进步。

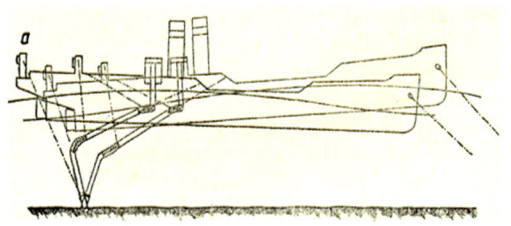 

> 图44 早期带挠性接头、采用定点吸泥作业的1 000立方米单边蒸汽耙吸挖泥船"玛丹娜"号(1948年)

> 图45 美国早期"Essayons"号耙吸挖泥船

## 船型特点

耙吸挖泥船用途广泛,长期以来一直享有疏浚业"战马"的美誉,是挖泥船家族中最先进的装备,其优越性令其他挖泥船难以匹敌。

该型船主要有以下特点:

一是具有"自航"功能。调遣方便,能迅速转移工作场地,挖泥时也不用锚缆及辅助机具,占水域面积不大,适用于海港、河口航道及大河干流的中下游较宽的河段施工。

二是具有"自装自卸"特点。由于耙吸挖泥船自带泥舱,因此工作时不需要拖船和泥驳等辅助船舶;在航槽挖泥时,也不像其他挖泥船因为抛设锚缆的缘故,需待整个工程完工后航道才能开放使用。还有诸如边抛耙吸挖泥船,可以在枯水季节采取边挖边抛(泥)的形式以实施航道的快速抢修。

> 图46 德米集团某耙吸挖泥船水下挖泥作业示意图

> 图47 DP/DT系统首次在"Nile River"号装船使用,准确定位疏浚

> 图48 美国较早建造的一艘带有边抛架的耙吸挖泥船

三是挖深大,这也是耙吸挖泥船相对于绞吸挖泥船的明显优势。现今中型耙吸挖泥船的挖深普遍达到40~60米,大型耙吸挖泥船挖深一般在80米以上,最大挖深已达155米,这是绞吸挖泥船及其他类型的挖泥船不能企及的。所以,大型耙吸挖泥船越来越多地被用于深海采砂和大型吹岸填充工程。耙吸挖泥船根据用户要求,可以设计成单耙、双耙甚至是三耙。为加大挖深或提高吸入泥浆浓度,现今耙吸挖泥船往往在耙臂上加设有水下泵。舱内泵也可以设置成单泵、双泵或三泵等。

四是耙吸挖泥船灵活机动、效率高、抗风浪力强,适宜在沿海港口、宽阔的江面和船舶锚地作业。由于现代耙吸挖泥船普遍装备有DGPS高精度定位系统、吃水装载仪、浓度计、流量计等疏浚仪器,有的还配有自动定深、动态跟踪、横向推进器、波浪补偿装置等,行驶掉头非常方便,也可在风浪大的外海施工。另外,随着挖泥船自动控制集成化程度提高,在控制室里,根据需要配备一名操作员,轻点鼠标,即可完成一系列操作。

## 直吸挖泥船

直吸挖泥船俗称吹泥船,是水力挖泥船中技术形态较简单的一种,有单吸头形

### 小贴士

**海上印钞机**

为什么自1990年以来耙吸式挖泥船会成为抢手货呢?这一方面得益于当时亚洲经济得以恢复,不论是国内,还是日本、新加坡等,交通基础设施以及人居工程等建设此起彼伏,对挖泥船的需求明显增大。另一方面是因为耙吸式挖泥船的优异性能,比如,该型船施工时不用封港,港口生产几乎不受影响。据不完全统计,在1995—2005年的10年时间里,世界上大型、超大型耙吸式挖泥船快速增加了20多艘,新增舱容达到42万立方米,是此前整整20年新增大型耙吸式挖泥船舱容的两倍多。

> 图49 现代耙吸挖泥船浚驾合一的高自动化操纵台

式和在吸头附近加装水力松泥器（即一组喷嘴）的组合形式。其船体通常为非自航、方箱型、钢质单体结构，采用锚泊定位和移船。

### 系统组成

直吸挖泥船出现在绞吸挖泥船发展的初始阶段，其设备和系统组成较为简单，主要由泥泵、传动装置、吸头（或带有水力松泥器吸头）、吸头吊架、吸排泥管以及锚泊（移船和定位）系统等组成。在有条件利用岸电的场所，船上甚至不用配置动力设备。直吸挖泥船进入作业水域后通过4点锚泊定位，放下吸管，泥泵在船上柴油机（或借助岸电）驱动下定点吸泥，并通过装舱管直接输往一侧的泥驳，也无须横移锚泊设置。

由于吸入系统结构简单，没有了绞吸挖泥船的绞刀和传动机构，在来回吸泥作业时，船身也不存在因绞刀切泥时产生的横向作用力，故无须设置结构笨重的绞刀桥架和定位桩系统，移船、定位仅需锚缆操作。也正因为如此，直吸挖泥船（通过船体接长措施）可以获得较大的挖深，最大可达70米左右，比目前超巨型自航绞吸

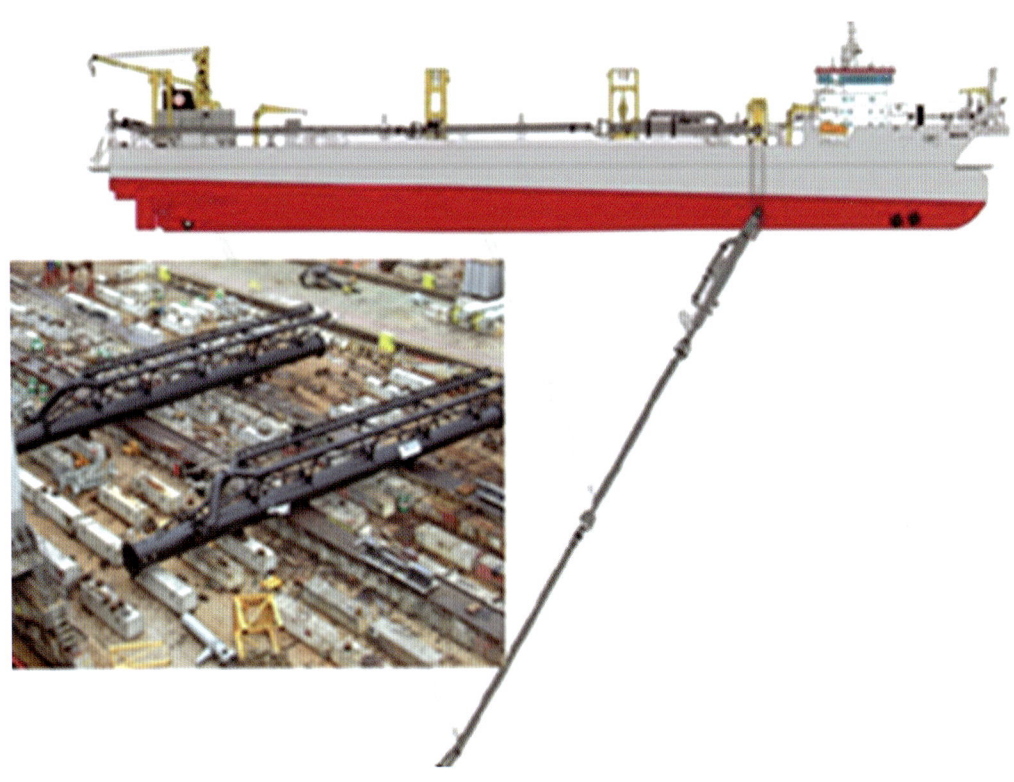

> 图50　杨德努公司46 000立方米耙吸挖泥船155米超大挖深的耙臂设置

挖泥船的挖深还要高出一大截，这也是直吸挖泥船的一大优势。

### 代表船型

1855年美国曾建造一艘"莫尔茨将军"号直吸挖泥船，用于港口清淤作业。

美国曾出现有明轮推进的绞吸挖泥船，只是挖泥作业时仍得抛锚。

建成于1992年的功率2 319千瓦的直

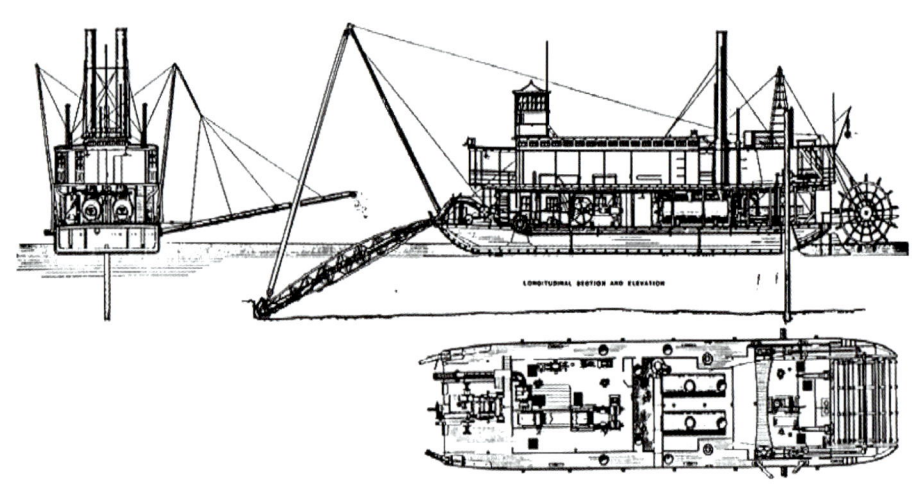

> 图51　美国早期带明轮推进的绞吸挖泥船"RAM"号

> 图52　2 319千瓦直吸挖泥船"Ijsselmeer"挖深可达50米（1992年）

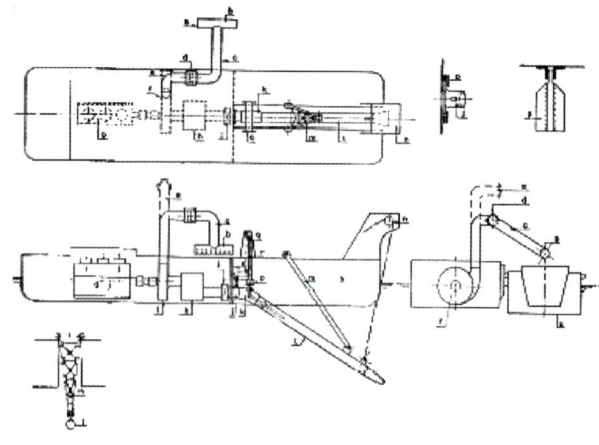

> 图53　早期直吸式挖泥船主要装备系统布置图

> 图54 波斯卡利斯公司大挖深直吸挖泥船 "Hollandsch Diep"号（2002年）

吸挖泥船，其最大挖深达50米。

### 适用范围

直吸挖泥船适用于挖砂及砂性土壤、松软土或中实土、淤泥等，常用于内河航道、湖泊及港闸基础清淤。建成于2002年的"Hollandsch Diep"号挖泥船是波斯卡利斯公司一艘组合大挖深（60米）直吸式吸砂船，全套设备仅12辆卡车即可运抵作业现场。

直吸挖泥船的缺点也十分明显：对被挖泥土的适应性能差，后来逐渐发展演变成为现今的绞吸挖泥船。

 **绞吸挖泥船**

绞吸挖泥船是疏浚工程中应用十分广泛的一种船型。

### 分类分级

绞吸挖泥船有自航与非自航之分，现今国内外绞吸挖泥船中绝大多数为非自航船，仅在大型以上绞吸挖泥船中才有部分自航船，迄今不超过30艘。

装船功率通常被看成绞吸挖泥船生产能力的一个概括性、形象性表征，成为其生产能力的一个统一标识符。

国际疏浚指南推荐的绞吸挖泥船现行分级标准（2012年8月）按装船功率的大小划分：小型绞吸挖泥船3 000千瓦（以下）；中型绞吸挖泥船3 000~9 000千瓦；大型绞吸挖泥船9 000~13 000千瓦；巨型绞吸挖泥船13 000~23 000千瓦；超巨型绞吸挖泥船23 000千瓦及以上。

### 系统组成

绞吸挖泥船区别于其他类型挖泥船的最重要特征就是绞刀（一种专门用来切削泥土的装置）。绞刀位于吸管前端，用于将河底泥沙进行切割和搅动，使其与泥水混合成为泥浆，再经吸泥管将其吸入泵体，借助强大的泵吸力、经排泥管输送到泥沙物料堆积场。

绞吸挖泥船施工时，它的挖、运、卸（经排泥管）等工作过程可以一次连续完成，是一种效率高且成本较低的水下挖掘机械。挖取的泥浆也可通过装驳设施由绑靠的泥驳转运。绞吸挖泥船与直吸挖泥船的主要区别在于：绞吸挖泥船借助绞刀装置的强大切削力，能切削板结乃至坚硬的土层以及风化岩石等，对被挖掘对象的适应能力强大，因而对泥泵和绞刀的耐磨性能要求较高。

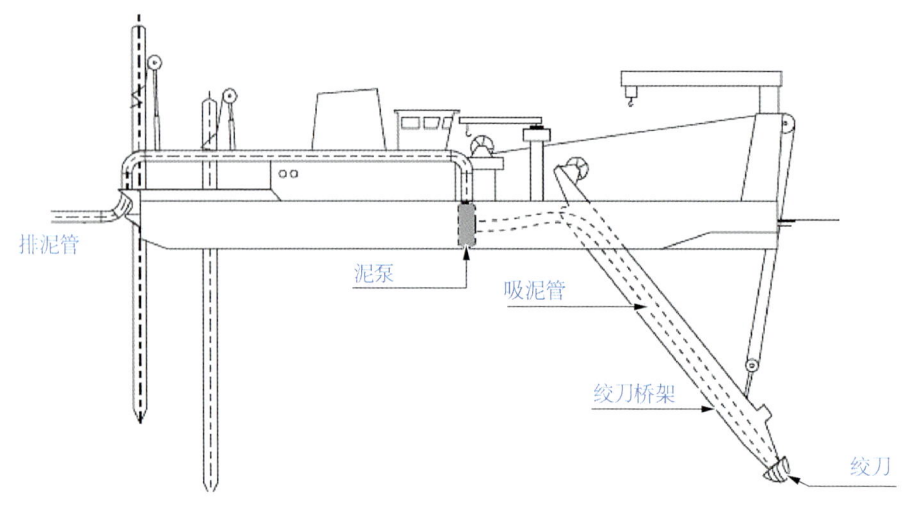

> 图55 常规绞吸挖泥船系统组成布置图（正视）

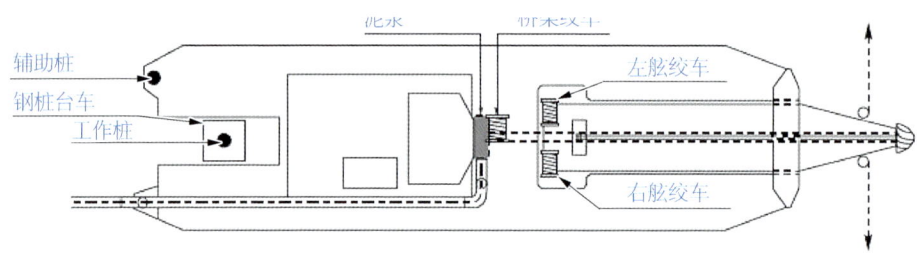

> 图56 常规绞吸挖泥船系统组成布置图（俯视）

**发展历程**

19世纪80年代初期，绞吸挖泥船在英国、美国、荷兰等国家率先得到开发使用。1884年第一艘绞吸挖泥船在美国加利福尼亚州西部港市奥克兰投入使用。这艘绞吸挖泥船装有液压绞刀头，用于疏浚泥沙和岩石。其输泥管直径为500毫米，泥泵叶片直径为1.8米。其设计的主要缺点是绞刀头易被堵塞。但在其后相当长一个时期，绞吸挖泥船在欧洲的发展较为缓慢，在北美等地发展迅猛，并逐渐发展成为它们的主要疏浚船型。由于绞刀精确定位和切削力传递等原因，绞吸挖泥船最初仅用于没有大风浪的遮蔽水域，皆为非自航。安装了波浪补偿器的绞吸挖泥船可在有波浪的开放水域施工，但较之耙吸挖泥船，其局限性显而易见。

第二次世界大战后，绞吸挖泥船在日本、欧洲等地发展十分迅速。20世纪60年代，日本国内的绞吸挖泥船已与抓斗挖泥船平分秋色。1968年，世界上第一艘总装机功率超过10 000千瓦的大型绞吸挖泥船

第2章 庞大家族——挖泥船的分类及特点

> 图57 老式传统定位桩绞吸挖泥船作业示意图

进入21世纪以来,随着世界科学技术的不断进步,一批高技术含量、超巨型创新一代自航绞吸挖泥船相继问世。创新一代自航绞吸挖泥船最显著的特征就是规模巨大,主要表现在船型规模、设备规模和装船功率方面。

**代表船型**

沙特阿拉伯Huta Marine Works疏浚公司于2014年最新添置的超巨型自航绞吸挖泥船"Al Bahar C/D Huta 12"号,总装船功率达23 545千瓦,航速9.0节,由IHC

"Sete32"号问世。20世纪60—70年代以来,绞吸挖泥船在标准化、大型化、自航化和智能化方面取得了长足进步。

世界首艘自航绞吸挖泥船12 904千瓦的"水瓶座"号(Aquarius)于1977年问世,由荷兰建造,用户为印度国有疏浚公司。

> 图58 沙特Huta Marine Works公司拥有的23 545千瓦超巨型自航绞吸挖泥船(2014年)

> 图59 世界首艘12 904千瓦的自航绞吸挖泥船"水瓶座"号(1977年)

建造。这种超巨型自航绞吸挖泥船通常在四大疏浚公司以外的用户里很难寻觅。

**船型特点**

非自航绞吸挖泥船船型相对简单,建造及疏浚成本较低,具有市场优势,因而绞吸挖泥船也是迄今国内外数量最为庞大的一类,独拥半壁江山。它吃水浅,且多数中小型船为组装结构,便利水陆调遣,被广泛应用于港口、航道疏浚及吹填工程。使用绞吸挖泥船的最大优势是挖掘轮廓准确。随着泥泵、绞刀等装备技术和机械性能的不断完善,对包括岩石在内的各类土质具有广泛适应性。定位桩台车及自动化等智能技术的应用,相对减少绞吸挖泥船非生产性的移船时间,能使产量明显提高。据国外有关方面统计,仅定位桩台车的推广应用一项,即可使得绞吸挖泥船的产量提高15%。

创新一代自航绞吸挖泥船有着许多基本特点:船型尺度(LBT)和装船功率几成直线增长;具备越来越高的独立承揽疏浚作业能力;绞刀、泥泵等机具对泥土的适应性能大幅提高;可变刚度定位桩台车等新技术的应用;具备高度自治及可维修性等。

**适用范围**

由于深远海取沙作业情形日渐增多,现今大型以上自航绞吸挖泥船有逐渐增多

> 图60 常规小型绞吸挖泥船船首绞刀与吸管(无须另设桥架)

的趋势,且提高了抗风浪能力。

绞吸挖泥船基本适合挖掘各种类型的土石,当然这也受切削功率配置的影响。绞吸挖泥船类型和尺寸范围很广,绞刀功率最小可为20千瓦,迄今最大绞刀功率已接近10 000千瓦,而装船功率也已突破40 975千瓦。但绞吸挖泥船的最大挖深迄今难有更大的突破,仍不超过45米,最小挖泥深度通常取决于船体(平底船)的吃水深。

## 斗轮挖泥船

斗轮挖泥船是一种特殊形式的绞吸挖泥船,它除了挖掘设备不同外,在船型及系统设置上与绞吸挖泥船基本一致。它是在绞吸挖泥船基础上,于20世纪70年代

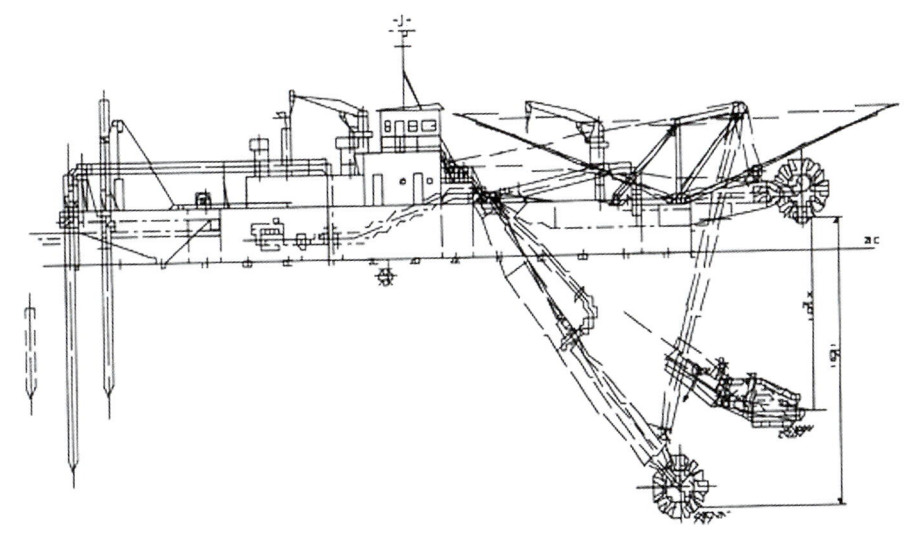

> 图61　同一船型系统设置下斗轮与绞刀互换使用示意图

> 图62　试航中的某新建国产斗轮挖泥船

中期派生出来的一种新船型，通常被认为是改进型绞吸挖泥船。之所以这么说，是因为除了切削泥土的机具由绞刀换成了斗轮以外，船上其他各主要系统组成基本没有变化。斗轮有时也被称为"斗式绞刀"，斗轮转动轴通常与支臂成90度（横轴式），而绞吸挖泥船绞刀头的设置则为纵轴式，与斗轮轴互为垂直。斗轮挖泥船的定位、移船作业方式与绞吸挖泥船一样，也是通过收、放左右锚缆使船绕钢桩往返作扇形

> 图63　IHC早期开发的4600型"海狸"标准系列斗轮船

> 图64　带齿斗轮

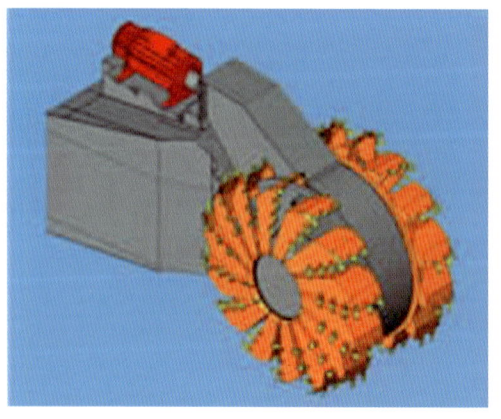

> 图65　德国刀式斗轮

运动的。

斗轮挖泥船的斗轮相较于绞刀有哪些优势呢？其中最大的优势在于其结构左右对称，且挖泥运转中斗轮作横轴式转动，使它在左右横移挖掘过程中不仅受力均衡、挖掘效率平稳，挖槽也更趋平整。它与绞吸挖泥船采用的螺旋式绞刀及纵轴式运转很不一样。也正是因为这些优势，斗轮挖泥船问世以后，在世界各地迅速得以发展。

### 发展历程

斗轮挖泥船是20世纪70年代欧美主要挖泥船制造商仿照当时露天采矿用的大型轮式采掘设备而开发成功的。该型船开

> 图66 单斗轮外观结构图

> 图67 江苏船舶设计所设计的3 500立方米/时斗轮挖泥船（2007年）

发不久,很快就在阿根廷、澳大利亚、加拿大、荷兰和美国等国家推广应用。用户实践证明,斗轮挖泥船用来采盐时效果特别突出,20世纪90年代中期起,我国新疆盐场也开始有它的身影,主要用于采芒硝作业,该船由我国自行设计,斗轮装置则购自美国。

进入21世纪以来,我国斗轮挖泥船的设计建造再上台阶,在大型化和出口方面不断取得新进展。

**代表船型**

20世纪80年代中后期,我国相继自主开发设计斗轮挖泥船。1986年建造了280立方米/时斗轮挖泥船,由黑龙江省航道局订购,该型斗轮直径2 500毫米。之后,斗轮船在江苏、安徽等地得到发展并逐渐壮大,它也在我国航道维护、水利建设以及采矿作业等领域得到推广应用。

> 图68 浙江方圆建造的10 720千瓦斗轮挖泥船(2007年出口印度)

> 图69 我国自行开发的280立方米/时斗轮挖泥船(1986年)

另一艘具有代表性的斗轮挖泥船是于2001年交付使用的1 600立方米/时斗轮挖泥船。该船用户为长江航道局,这也是当

> 图70 常德达门引进德国技术建造的400型刀轮挖泥船(2002年)

> 图71 我国自行开发的配有美国斗轮装备的首艘1 600千瓦斗轮挖泥船(2001年)

第2章 庞大家族——挖泥船的分类及特点

时国内配备功率最大、技术先进、具有一定前瞻性的创新船型,后续一艘船于2006年交付。

### 适用范围

斗轮挖泥船轮式绞刀的采用、旋转斗轮的设计使之作业时能够将很大的挖掘力集中在很小的面积(刀刃)上,泥斗的布设较紧密,斗刃切削性能较普通的绞刀提高一倍左右,产量因此得到提升。它除了对风化岩石不如绞吸挖泥船,在对黏性、塑性类土质等方面则具有比绞吸挖泥船更好的性能。所以,它用于采掘食盐、芒硝等矿藏时效率提升尤为明显。

 **其他类型水力式挖泥船**

### 近海自升步进式绞吸挖泥船和半潜绞吸挖泥船

近海自升步进式绞吸挖泥船和半潜绞吸挖泥船这两型挖泥船设计的指导思想是:在海洋气象恶劣多变、涌浪较大的情况下,能不受干扰进行正常挖泥作业,而且要解决在这种条件下能顺利使绞刀作横移摆动以及将挖出的泥土输送出水面的问题。

近海自升步进式绞吸挖泥船"All Wassl Bay"号于20世纪70年代末由日本

> 图72 近海自升步进式绞吸挖泥船"All Wassl Bay"号

> 图73 近海半潜绞吸挖泥船"Simon Stevin"号

三菱重工公司（MHI）在荷兰IHC公司的紧密配合下设计建成。它是世界上第一艘自升步进式绞吸挖泥船，1978年交付，用于迪拜航道的疏浚工程。

半潜绞吸挖泥船"Simon Stevin"号由康德尔迪克矿业科技学院设计，船体可升降，最大挖深50米，约1981年建成。

### 吸盘挖泥船

吸盘挖泥船是继链斗、耙吸、绞吸等船型以后出现的一种别具一格的船型，虽然在世界疏浚船队中数量不多，却也在历史长河中留下了120多年的印记，时至今日仍然没有其他船型替代它的位置。

吸盘挖泥船最早出现在美国。据记载，1894年一艘名为"ALPHA"号的挖泥船开始投入美国密西西比河航道疏浚工程。这艘非自航、蒸汽机动力的挖泥船之所以冠名为"吸盘挖泥船"，是因为其首

> 图74 美国Ellicott公司生产的吸盘挖泥船装备——吸盘

部吸头酷似普通家用的"簸箕"，而且这一设计理念一直延续至今。

继美国之后，苏联也大力推广吸盘挖泥船。首船建造于1967年，由日本建

造商为其建造的两艘姐妹船"Amur"号和"Zeia"号,用于中苏界河黑龙江等主航道疏浚工程。1985年前后,芬兰Wartsila公司又为其建造了4艘尺度更大的同型船。这4艘吸盘挖泥船分别被命名为"Jamal"号、"Javaj"号、"Anabar"号和"Indigirla"号,其关键装备吸盘头、泥泵、边抛架系统均由德国O&K公司提供。这4艘船还同时兼备有耙吸功能,并配备有边抛架系统,主要在西伯利亚地区的北极河、叶尼塞河等水域进行维护疏浚作业。

美国1993年建造的自航吸盘挖泥船"Hurley"号是美国目前最新型、最先进的

> 图75 苏联吸盘挖泥船"Jamal"号(1985年)

吸盘挖泥船,该船于2003年时再次进行了接长改造,以增大挖深。迄今为止,美国密西西比河主航道的维护疏浚主要由吸盘挖泥船承担。

> 图76 美国全电动自航吸盘挖泥船"Hurley"号(1993年)

从总体上来看，俄罗斯现有大约10艘吸盘挖泥船的技术形态要优于美国，而在风格上和美国吸盘船各领风骚。

我国吸盘挖泥船的开发是在20世纪80年代中期才开始的。当时为确保葛洲坝建成后长江中游航道的畅通，需要这样一种能应对大量泥沙淤积的挖泥船。在吸收借鉴国外先进技术经验的基础上，我国自行研发的首艘吸盘船——"吸盘1"号设计建造成功，1993年即投入长江航道维护疏浚工程。20年来，"吸盘1"号在保障长江黄金水道的畅通中屡立战功，被誉为"航道蛟龙"。

2012—2016年，又相继立项建造了3艘吸盘船，即"吸盘2"号、"吸盘3"号和"吸盘4"号。这些吸盘船，总体技术

> 图77　1 250立方米/时"吸盘1"号在葛洲坝水域试航中（1993年）

> 图78　2 000立方米/时全电动"吸盘2"号建成投产（2013年）

第2章 庞大家族——挖泥船的分类及特点

> 图79 "吸盘3"号挖泥船（2015年）

近船宽）；吸入浓度高，可采用边抛或尾管排泥或同时兼备；吃水特浅，通常满载吃水在2.5米以下，尤其方便大江航道的清淤和调遣；因为无须切削设备，装船功率相应小，节省投资，疏浚成本低。

吸盘挖泥船主要借助吸盘头吸口上缘一到两列高压喷嘴产生的水动力作用，使前方土层坍塌并形成异重流，进行吸泥。它尤其适用于大、中、小河流的航道维护工程，对泥沙及砂砾等冲击性土壤效率很高，适应于淤泥、砂砾等非凝聚性冲积土壤。

吸盘挖泥船适用范围也有其局限性，一是挖深不大，类似绞吸挖泥船；二是土质适应性较差，碰到坚硬和黏性土质只能望而却步，交由别的船型去完成任务了。

### 喷水疏浚船

喷水疏浚船又称冲吸式挖泥船，国内也称射流清淤船或冲砂船，其核心装备仍是水泵。

形态优于美国和俄罗斯，代表了现今世界吸盘挖泥船的总体发展水平。

吸盘挖泥船是一种具有宽大而扁平吸口的吸扬式挖泥船。早期的吸盘挖泥船均为蒸汽动力，部分采用明轮推进，船体为铆接结构。其船型特点为：作业有别于通常的绞吸挖泥船，采用纵前八字形抛锚、直进式作业，挖槽平整，一次挖宽大（接

**小贴士**

**异重流**

异重流是由于密度差而形成的含泥沙水流潜入清水底部运行的一种现象。就像鸡尾酒，实质上就是比重不同的酒的汇合，异重流就好似海量的鸡尾酒。当浑水与清水碰头时，还会出现上层清水倒流，浑水沿河底向前推进的奇特水文现象。

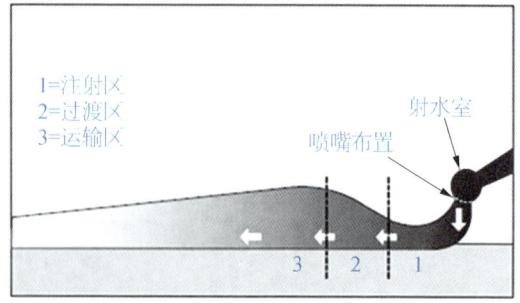

> 图80 喷水疏浚作业原理图

> 图81 "Jetsed"号喷水疏浚船作业示意图

喷水疏浚船配备有大流量低扬程水泵，通过船上设置的管路系统，再经由水下高压喷嘴以设定的角度冲刷沉积于河床的泥沙，使其悬浮于底部的水流之中，并在水流的作用下形成异重流，使泥沙在附近再次沉积下来，也就是说，喷水疏浚船是借助流体扰动原理达到冲吸效果的。

> 图82 德米喷水疏浚船"Parakeet"号作业情景

1987年，荷兰建造了世界上第一艘喷水疏浚船"Jetsed"。1992年，美国也建造了一艘射流清淤船"BT-208"号。以后，喷水挖泥船在欧洲，尤其是在荷兰和英国等沿海国家使用较为广泛。

20世纪70年代，我国在长江中上游航道上对喷水疏浚技术进行过探索和实践。当时长江航道局曾建造过一艘利用旧船改装的"冲砂1"号，在长江中上游航道一直使用了十几年。这也算是我国最早形式的喷水疏浚船型了，可以说与欧洲的同型船同一时间出现。随后，在以往经验的基础上，长江、黄河（潼关河段）陆续出现了一系列新型喷水疏浚船。21世纪初，我国成功建造了一艘技术形态先进的多功能冲沙船型——300立方米舱冲/耙吸挖泥船，主要用于长江中上游浅水航道维护疏浚，具有舱冲和耙吸装舱等多种功能。

> 图83　黄河潼关河段国产喷水疏浚船正在试水中（2001年）

> 图84　300立方米舱冲耙吸挖泥船守卫长江航道（2004年）

喷水疏浚船吃水浅，建造及使用成本低，对于部分航道的突击抢修尤为合适，多年来用于我们母亲河的清淤。但是由于它的作业环境条件有其特殊性，如一般只能应用于有一定高度差的航道以及部分入海口位置等，且疏浚物基本成分必须是泥或细沙且不得是污染物等特定要求，因而在推广应用上受到一定限制。

**气力泵清淤船**

气力泵清淤船是一种采用气力作用原理进行水下沉积物清除的疏浚机具。1969年由意大利劲马（Pneuma）公司乔凡尼·法尔第（Giovanni Faldi）博士发明，同时获得专利技术并形成系列产品。尤其20世纪70年代，气力泵技术在日本河口、港湾等水下工业污染底泥的清除中成效显著。

气力泵清淤船的发明相对其他类型挖泥船要晚，在有些挖泥船的介绍中，将其自成一体，这里仍将其与水力挖泥船并作一类，也是基于"泵吸一族"。

气力泵清淤船主要由泵体（3个分别装有排泥、空气和进泥管的缸体）、空气压缩机、空气分配以及管路系统（含供气、排气管及输泥管等）组成。

作业原理是利用泵的内外压差从吸口吸入水底淤泥等疏浚物，进而利用空压机的压缩空气将泵内淤泥借助排泥管线输往目的地。

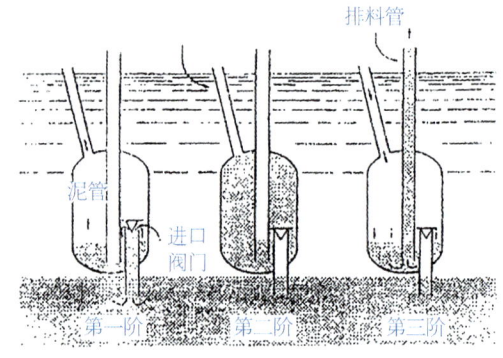

> 图86 气力泵作业原理图

我国1980年曾自行开发研制过3艘气力泵清淤船，并投入使用。此后，意大利"劲马"泵技术及装备开始在我国推广使用。20世纪90年代后期，为解决深圳东深水库以及长春南湖景区的清淤问题，引进了"劲马"泵以及配套的空压机系统，研制了"东升1"号气力泵清淤船。

气力泵清淤船主要适用于水库、湖泊、河口、码头以及海滩等广泛水域的淤泥清理、海滩回填等。由于作业时不造成水体扰动，没有二次污染，且挖深大，尤其适合水库、港湾等处所污染底泥的处置，是当今水域环保疏浚不可多得的好帮手。

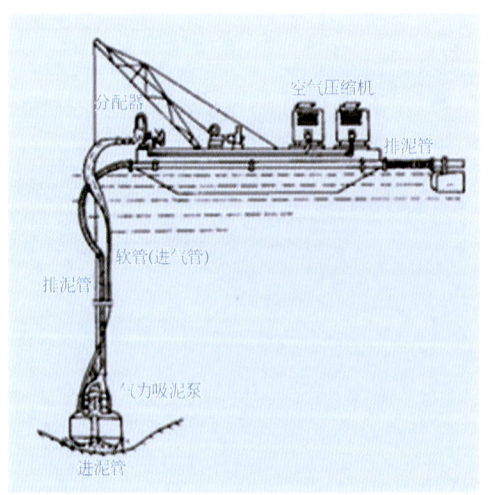

> 图85 气力泵主要系统组成示意图

第2章 庞大家族——挖泥船的分类及特点

> 图87 "东升1"号气力泵清淤船在深圳东升水库现场清淤作业（1999年）

> 图88 吉林长春南湖景区气力泵清淤船清污作业现场

# 机械式挖泥船

  机械式挖泥船的工作原理是：利用船上动力设备驱动下挖掘机具所产生的机械力进行水下挖掘、垂向提升或斗链的转运，将挖取的疏浚物送达预定场所，以达到疏浚目的。

  机械挖泥船是挖泥船的另一大门派，但相较于前面介绍的水力式挖泥船，其种类就简单多了，主要包括链斗、抓斗与铲斗挖泥船。它们各自的本领将在下面逐一展现。有一点值得大家注意的是，机械挖泥船要比水力式挖泥船早出现100多年呢！从第一艘挖泥船问世到20世纪50年代左右近两个世纪的历程，可以说国内外疏浚市场尤其是欧洲，一直都是由链斗挖泥船唱主角！这三大船型之所以能一直延续到今天而不被淘汰，还真是各有各的神通！

 链斗挖泥船

  在众多的挖泥船门类中，水力式也好，机械式也好，唯链斗挖泥船称得上"长老"。世界首艘铁制链斗挖泥船在1760年诞生于挖泥船王国荷兰，至今已近260岁高龄。直到20世纪50年代，在各色各样的挖泥船兄弟当中，链斗挖泥船一直是当家老大，尽显实力。它在各国挖泥船队中多以主力面目呈现，尤其欧洲。

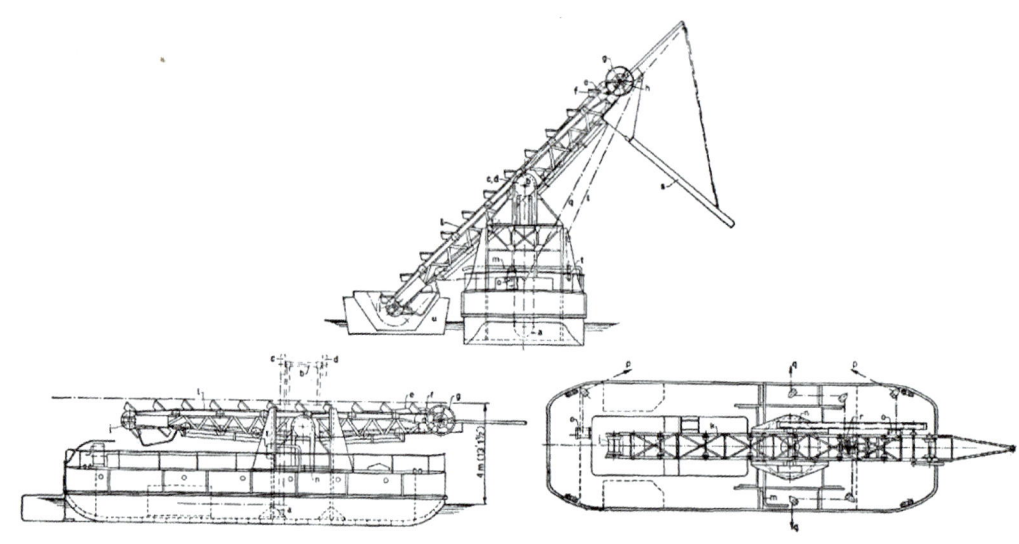

> 图89 早期一种左右横向操作的链斗挖泥船在围堰中功效显著

### 系统组成

链斗挖泥船大多为非自航船,主要系统包括斗塔、泥阱、溜泥槽、上/下导轮、斗桥、斗链、泥斗、首吊架、操纵室及锚系泊等,泥斗大小为30~2 000升。利用一连串带有泥斗的斗链,借助上下导轮的带动,在斗桥上连续转动,使泥斗不断在水下挖泥并逐个提升至水面以上,同时收放前、后、左、右所抛的锚缆,使船体移动来进行挖泥工作。

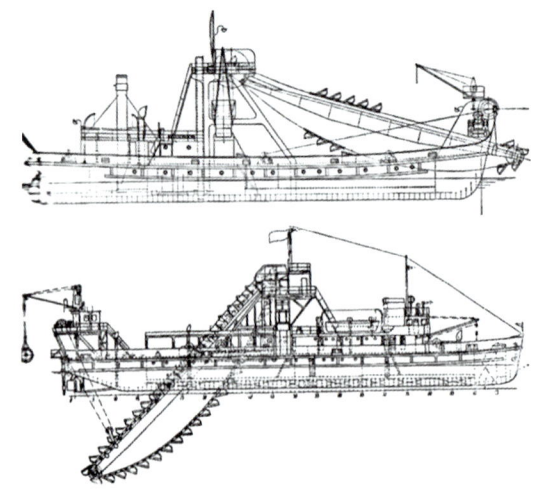

> 图90 自航链斗船斗桥位于船首(上)及船尾(下)的实例(1958年)

自航链斗挖泥船的首尾设置类似于绞吸挖泥船,即船首既可以设在桥槽端,也可以与之相反。即使是自航链斗挖泥船,和绞吸挖泥船一样,不可以同时自航作业,只供水域调遣时使用。作业时仍依赖锚缆收放,且通常需6锚定位。为尽可能减少因抛锚作业给其他船只往来带来不便,船上往往设有水下出索装置。

**代表船型**

1960年以来,中国船舶工业集团公司第七〇八研究所等造船厂先后为地方及海防建设研制了多种型号的链斗挖泥船,其中七〇八所与沪东造船厂联合研制的供部队和地方使用的500立方米/时链斗挖泥船,跨出了挖泥船国造的坚定步伐,技术上实现了重大突破,深受军地用户欢迎,获全国科学大会奖;20世纪80年代,武昌造船厂还自行设计建造了500立方米/时

> 图91 某自航链斗挖泥船两面同时靠驳作业的情形

> 图92 20世纪80年代武昌造船厂自行设计建造的500立方米/时自航链斗挖泥船"W433"号

> 图93 山东省青州造船厂建造具有超长斗链的180立方米/时链斗采砂船

> 图94 江苏省连云港龙祥船厂建造的双链斗挖泥船"苏海骏"号（2007年）

自航链斗挖泥船供部队使用；20世纪90年代708所还应用户要求设计出技术性能更加完善的可升降斗塔链斗挖泥船，供内河用户使用。

跨入21世纪以来，国内还不断开发出了多种型号的链斗挖泥船供市场使用。

天津航道局"津航浚306"号自航链斗挖泥船虽是从俄罗斯购进的二手船，但设计技术指标可不低：挖深5~24米，最大挖宽120~140米，最大挖长700米，能够挖掘淤泥、可塑沙土和松散沙土，对黏土、亚黏土也具有较强适应性，在工况允许的情况下还可以挖掘粗沙、风化岩等，比较适合大面积、大范围疏浚施工。虽然

> 图95 天津航道局750立方米/时自航链斗挖泥船（2004年）

浸润了岁月风霜，但在国内现有链斗挖泥船装备中，难有出其右者。

与耙吸、绞吸类挖泥船的发展态势相比，一个时期以来，国内外链斗挖泥船的技术及装备难免显得老态。但是，无论如何，链斗挖泥船在世界疏浚史上的伟绩是值得称道的。

##  铲斗挖泥船

铲斗挖泥船是单斗挖泥船的一种，它可以集中全部功率在一个铲斗上，进行特硬挖掘。铲斗挖泥船从20世纪70年代开始在疏浚工程中崭露头角，尤其在美国、澳大利亚、瑞典和芬兰等国家的基建施工船队中比较活跃。

### 分类分级

铲斗挖泥船有正铲和反铲之区分，但实际上装船使用的差不多都是反铲，船身伴随着挖泥作业渐至后退。

铲斗挖泥船通常按斗容大小来区分生

> 图96　范奥德公司拥有现行最大的40立方米反铲挖泥船"Goliath"号（2009年）

产能力，如8立方米铲斗、30立方米铲斗等。目前世界上铲斗挖泥船的最大斗容为40立方米。

### 系统组成

现今铲斗挖泥船主要由铲斗挖掘机、动臂、斗杆及铲斗等挖掘系统，动力系

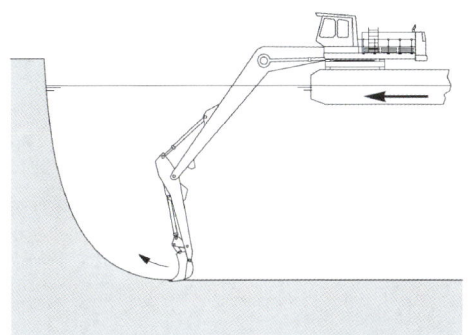
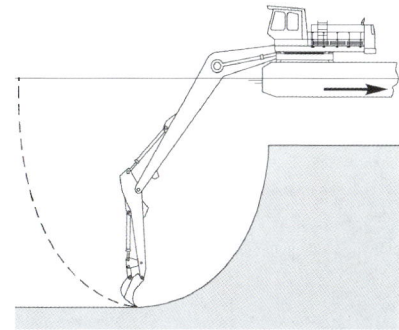

> 图97　铲斗挖泥船作业示意图（左图为正铲、右图为反铲）

统、定位及移船系统,以及锚泊和系留系统等组成。为配合作业,甲板上通常还设有一台或多台起重机械。

### 发展历程

早期的铲斗挖泥船以蒸汽机为动力,采用绳索操控,利用吊杆及斗柄将铲斗伸入水中,插入河底、海底进行挖掘,然后由绞车牵引至适当高度,由旋回装置转至卸泥场或泥驳上,将泥卸掉,再反转至挖泥地点,如此循环作业。这种长臂式绳索斗早年在日本并不少见,终因操作繁杂、效率低下,现在逐渐被技术先进、操作灵便的陆用液压铲斗机替代,可以说现代液压技术赋予了铲斗挖泥船新的生命力。

我国铲斗挖泥船的发展起步较晚,约从20世纪80年代起步,开始自行设计建造较小型号的铲斗挖泥船。1995年前后交付过2艘4立方米铲石船,用于航道开挖和码头建设。这两艘船分别被命名为"东浚434"号和"南浚615"号,其铲斗挖掘机成套设备皆从利勃海尔引进,整体技术形态达到当时国内先进水平,并在随后东海现代化军用码头

> 图98 早期日本建造的传统长臂式正铲挖泥船 "Rialto M.Christensen"号(1977年)

> 图99 4立方米铲石船

第2章　庞大家族——挖泥船的分类及特点

> 图100　自主开发的4立方米反铲挖泥船"东浚434"号（1995年）

> 图101　我国出口缅甸的1.6立方米反铲挖泥船（2001年）

的开挖中发挥了骨干作用。2001年，又向缅甸出口了1艘3桩定位的1.6立方米小型反铲挖泥船，用于湄公河维护疏浚。

> 图102　巴拿马运河管理局新添反铲挖泥船"Alberto Aleman Zubieta"号（2013年）

**小贴士**

### 大型铲斗挖泥船"Alberto Aleman Zubieta"号

2012年建造成功的大型铲斗挖泥船"Alberto Aleman Zubieta"号，是近年来同类产品中最大船型之一。其船长62.2米，型宽23米，型深5.1米，吃水3.2米，斗容31.5立方米，最大挖深19.5米，装船功率3 000千瓦。2013年交付巴拿马运河管理局。

### 船型特点

铲斗挖泥船为钢质方箱型船体的非自航挖泥船。由于铲斗挖掘作业时会产生巨大的水平方向（而非垂直方向）的作用力，所以现代铲斗挖泥船基本上采用钢桩定位（而非锚泊定位），且以3桩定位居多，前面两边各安装一根固定桩，尾部则在中央开槽内安装一根活动桩，该桩同时兼有前后移船功能，用于克服铲斗挖掘作业时船舶所遭受到的水平作用力以及风浪流的影响，确保船舶使用安全。

铲斗挖泥船亦有4桩定位的情形，如"Abeko Server 3"号及其姐妹船均为4桩定位。

### 适用范围

铲斗挖泥船对于泥土施加的挖掘力比抓斗更强，可以将全部功率使用在单个铲斗的斗刃上，因此特别胜任于其他挖泥船难于胜任的某些特硬泥层的挖掘，如清理围堰、拆毁旧堤、打捞大型沉积物等。具体来说，它适用于挖掘黏土、砾石、卵石、珊瑚礁和水下爆破的石块、特硬泥质的挖掘。

虽然铲斗挖泥船产量不高，只能单斗作业，挖掘成本往往是其他类型挖泥船的数倍，但它所啃的往往都是"硬骨头"——类似航道基槽开挖等任务，因此在现今挖泥船家族中仍占有一席之地。

## 抓斗挖泥船

将陆用抓斗挖土机移植到特制的浮体

> 图103　Ravestein 900B型反铲挖泥船作业示意图

> 图104　采用4桩定位的"Abeko Server 3"号反铲挖泥船

> 图105　反铲挖泥船

上，就成了抓斗挖泥船。它是现今3种机械式挖泥船中使用更为普遍、数量最多的一种类型。

### 分类分级

抓斗挖泥船有自航和非自航两种。自航船一般带有泥舱，泥舱装满后自航至排泥区卸泥；非自航船的船体一般为方箱型，用配套泥驳装泥和卸泥。

### 工作原理和施工方法

抓斗挖泥船工作原理是：挖泥时钢缆上的抓斗依靠其重力沉入水中，通过插入泥层和闭合抓斗来挖掘和抓取泥沙，然后操纵船上的起重机将抓斗提升出水面，回旋到预定位置卸泥，如此反复进行。然而挖掘水下土方与陆上土方毕竟差异很大，所以陆用抓斗挖土机经过逐渐改进，发展成船用抓斗挖泥机。水下抓斗在闭斗提升瞬间，因吸附抽空作用，拉力倍增，所以同样斗容的船用抓斗机比陆用的提升力要大许多。

抓斗挖泥船施工的基本方法是：一般根据工程特点，如施工区地质情况、抛泥区与施工区的距离、施工船舶的特性等，分区、分段、分条进行。根据提供的水深

（a）外观　　　　　　　　　　　　　　（b）泥斗入舱情景

> 图106　德国10003自航3抓斗挖泥船"GAZA"号

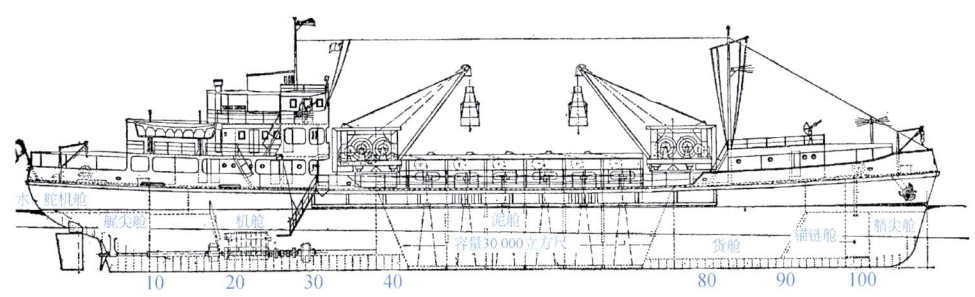

> 图107　IHC早期建造的自航自载式4抓斗挖泥船"Vkas"号（1959年）

图，参考设计标高、泥层厚度，确定分层还是采用一次性开挖至设计标高的方法进行施工；根据挖泥船主尺度大小和施工图要求开挖的宽度，来确定分段长度、分条宽度的施工定位方法。抓斗挖泥船除了采用绳索抓斗外，还有硬杆抓斗，两者相比，前者挖深大，后者挖掘力大。抓斗挖泥船的斗容从1立方米、2立方米，直到200立方米不等。

对于一些环保要求特别高的场合，需要配置全封闭抓斗挖泥船。美国和欧洲就研制了多种型号的全封闭抓斗，以确保在提升过程中既不会发生任何泄漏，又减少了废方。

美国的全封闭抓斗-斗重13吨、斗容20立方米、斗宽3.7米，覆盖面大，效率高。

荷兰1994年研制出一种带旋转罩壳的

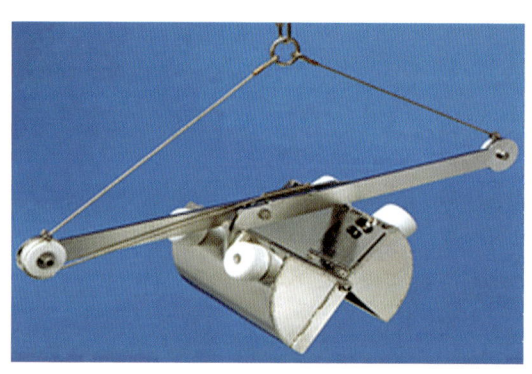
（a）美国开发的环保型密闭抓斗清淤机

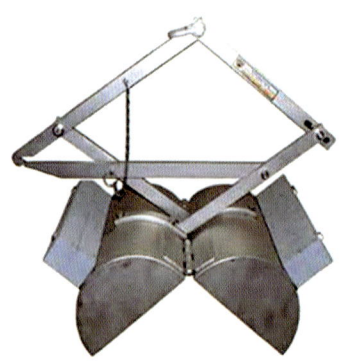
（b）欧洲开发的环保型密闭抓斗清淤机

> 图108 环保型密闭抓斗清淤机

（a）欧洲开发的带罩壳密闭抓斗清淤机

（b）某硬杆密闭抓斗在卸泥中

> 图109 带罩壳密闭抓斗清淤机

液压抓斗（斗容1.43立方米），其罩壳的启闭由2只油缸控制，在鹿特丹港首次应用获得成功。以上环保船型均是用来对付水域污染底泥的。

### 代表船型

世界最大的抓斗挖泥船——"福祥"号及其姐妹船"五祥"号和"东祥"号，2002年前后由日本建造，抓斗为电液驱动，斗容200立方米，最大疏浚深度为40米，最大生产能力6 000立方米/时，排水量12 960吨，总装机功率8 540千瓦。据报道，目前日本已有2艘200立方米抓斗

> 图110 世界最大的抓斗挖泥船——"福祥"号（2002年）

> 图111 国内唯一具备深海精挖系统的抓斗挖泥船"金雄"号

> 图112　27立方米抓斗挖泥船"新海蚌"号

> 图113　我国自行设计建造的500立方米自航双抓斗挖泥船

船,"福祥"号船东现为广州航道局。

我国最新建造的27立方米"新海蚌"号抓斗挖泥船是迄今我国最先进的钢索抓斗挖泥船之一。

我国自行设计建造的500立方米自航双抓斗挖泥船,采用双泥舱和双抓斗机(2立方米电液变距)设置,泥舱内还设有液压泥门启闭装置,使用性能良好,技术水平居国内领先地位。

而随着液压技术的发展,硬杆抓斗的应用也越来越普遍,我国近年建造的一艘自航硬杆抓斗挖泥船,并成功出口比利时。该船总装机功率460千瓦,总长50米,船长48.7米,型宽15米,吃水1.9米,挖深20米,斗容5.5/5.75立方米。

(a) 外观

(b) 甲板

> 图114  出口自航抓斗船"Allbatros"号

**适用范围**

抓斗挖泥船主要用于挖取海底各种淤泥、泥沙、砾石、碎石、巨石等物料，宜抓取细砂、粉砂，也可用于航道疏浚、码头施工和海床工程的挖掘。抓斗式挖泥船主要动力是吊机，吊机的原动机一般是体积小、功率大的高速柴油机。吊机的吊杆长度不同，吊力也不同。同一台主机配备的吊机吊力大，说明吊杆长度一定长，反之吊杆短则吊力一定小。一般配备在工程船上的吊机有以起重为主、以挖泥为主和两者兼用三种形式。以挖泥为主的吊机，吊杆长度在30米左右即可，这时吊机吊力较大，挖泥的能力就强。

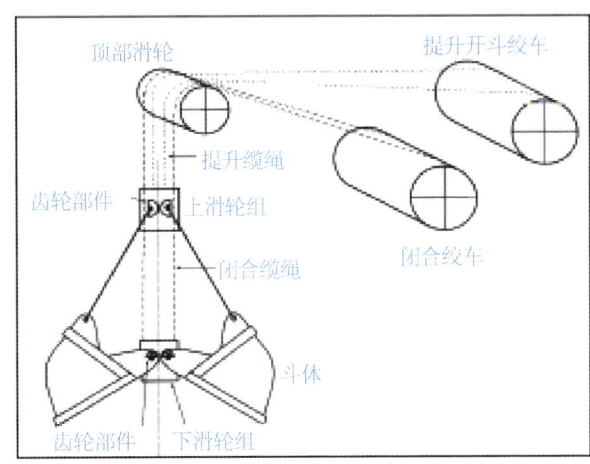

> 图115  以挖泥为主的吊机绳索抓斗启闭原理图

表1 主要类型挖泥船的施工特点和适用范围

| 船型 | 施工特点 | 适用范围 | 适用土质 |
|---|---|---|---|
| 耙吸式 | 武器：泥耙<br>招式：吸纳大法<br>过程：利用泥耙挖取水底土壤，通过泥泵将泥浆装入本船泥舱中，自航至深水卸泥区卸泥或直接排出船外<br>特点：独行侠，单船作业，一般不需要固定的配套设备或附属船只 | 沿海港口航道及大江的入海口段，不适合浅水作业 | 适用于淤泥、松软黏土、沙壤土、沙土等 |
| 绞吸式 | 武器：绞刀<br>招式：旋转切削土壤<br>过程：通过泥泵将泥浆吸入排泥管，再通过泵输送到陆地排泥场<br>特点：挖泥和卸泥自身完成 | 内河、湖泊航道的疏浚；水库、港口、码头的疏浚扩宽及吹填造地等 | 适用于松散沙、沙壤土、淤泥等松散软塑黏土；过硬塑黏土时，易堵塞，功效降低 |
| 斗轮式 | 武器：无底斗轮<br>招式：绕横轴转动切削土壤<br>过程：通过泥泵将泥浆吸入排泥管，再通过泵输送到陆地排泥场<br>特点：挖泥和卸泥自身完成 | 基本与绞吸式挖泥船一样，但其还可适用于冲积矿床开采 | 适用于硬质高塑黏土的开挖；流塑性淤泥、松散的细粉砂条件下，效率降低 |
| 链斗式 | 武器：链式排列的铲斗<br>招式：挖掘<br>过程：利用链式排列的铲斗连续挖掘，将土壤通过卸泥槽送到辅助泥驳船，再通过泥驳船输送到指定地点<br>特点：需要泥驳船辅助 | 港口、码头泊位、航道滩地及水工建筑物基槽等规格要求较严的工程，最适合采集水下天然砂石和矿物 | 松散的沙壤土、砂质黏土、卵石夹淤泥等；开挖稀泥和粉砂时，泥斗充泥不足；开挖黏性较大土壤时，泥斗倒泥困难，生产率降低 |
| 抓斗式 | 武器：抓斗<br>招式：时放、时合、时升、时降等<br>过程：利用吊在旋转式抓斗杆上的抓斗下放、闭合、提升和张开来抓取和抛卸被挖泥土<br>特点：独行侠，自己抓卸，但是近身操作，距离有限 | 堤岸养护、河道清障及港口疏浚，深水作业性好 | 对各类土质均具有较好适应性，且能抓取尺寸较大的石块 |
| 铲斗式 | 武器：反铲挖掘机<br>招式：挖掘<br>过程：将反铲挖掘机安装在一个大浮箱上，用反铲直接挖掘土壤<br>特点：需要辅助，且是近身操作，距离有限 | 挖掘深度浅，主要在其他船型难以胜任的场合使用，属于特种部队性质 | 能有效挖掘各种硬土、砂石和树根 |

# 其他疏浚船舶

传统挖泥船型是实实在在经常和泥土直接打交道的,其发展过程大约可以追溯到200年以前。近代疏浚业发展速度越来越快,涉及的面也越来越广,尤其自20世纪90年代以来,随着世界(尤其亚洲)经济的快速恢复和发展,疏浚业迎来了史上最好发展时期(谓之"黄金十年"),从传统意义上的港口开挖、航道整治拓展形成了现代产业,涉及国民经济建设的许多方面,诸如环境整治、人居工程、交通基础设施、海滩维护和休闲旅游、深海能源及矿产开发等。随着挖泥船装备技术的快速发展,一大批与之匹配的新船型、新装备也应运而生。下面我们将和大家一起来见识一下这些挖泥船的新伙伴。

## 环保疏浚类船舶

说起环保,大家都很熟悉,它和我们现代生活关系真是太密切了。但这里我们说的是水域环保。

现代人居,亲水为上。不巧你的寓所旁边是一个臭河浜,感觉又如何?自20世纪70年代末以来我国经济建设高速发展,而环境的整治一度未能跟上,以至于后来花了更大力气来补课,类似上海苏州河、南京玄武湖、香港城门河、昆明草海、杭州西湖等,相继进行了大量环保综合整治才有了今天的绿水青山。

水域环境的污染和整治大多涉及三个环节:水面漂浮杂草和垃圾;水体受到污染变色变味,以至连鱼类、水生物都无法生长,更谈不上饮用;水底泥质在工业废弃物的长期侵蚀下腐烂发臭,20世纪70年代初期的日本沿海也曾经历过这种局面。

这里说的环保疏浚,以及对应的措施,就是针对上述三类污染情况而言。通常情况下需要综合治理,疏浚船舶的参与往往是不可或缺的。

现有环保挖泥船形式多样,既有绞吸、耙吸,也有抓斗、链斗,还有气力清淤船等,大多是在常规船型上采取了某些特别措施以后形成的。下面给大家介绍其中的相关船型。

### 荷兰IHC公司的环保绞吸挖泥船

自20世纪50年代以来,欧洲国家在与水域环境污染长期斗争中积累了宝贵的经验,有比较成熟的技术和船型可供选择。这类挖泥船的重要特质就是确保作业

（包括输送）过程中不造成水体二次污染。IHC公司的环保绞吸挖泥船就是其中采用较为广泛的一种。

该型船的核心部件是专项研制的环保绞刀。环保绞刀与通常绞刀的内外构造迥然不同，其特别之处在于：外形呈长锥体，四周设有纵向及横向刀片，内部为泥浆腔体，外部加设防护罩壳，以确保在不同深度、不同坡面下外罩底边围裙始终和泥层表面贴合，既防止了水体遭受二次污染，也有助于提高挖掘浓度。该型环保绞刀已先后装配到"海狸600""海狸1200"和"海狸1600"型船上，并成功地在匈牙利巴拉顿湖等污染水域实施了环保疏挖。自1990年以来，我国天航、重庆等多家疏浚公司也相继引进各类环保挖泥船，国内外也不乏模仿IHC公司环保绞刀式样开发的实例。

### 荷兰HAM公司开发的螺旋切刀清淤船

荷兰DAMEN船厂和HAM公司在螺旋切刀挖泥船的开发及应用中积累了丰富的经验，该型船采用首锚+定位桩定位，定位精度和挖掘精度分别达25厘米和2厘

> 图117　HAM公司螺旋切刀式环保清淤船"291"号

（a）IHC公司带有环保绞刀头的"海狸1200"型绞吸挖泥船

（b）IHC标准的海狸型挖泥船

> 图116　IHC挖泥船

米。由于该切削装置的尺度很大,和吸盘头有些相似,因而容易形成较平坦的底槽,浓度也高达75%。同类型船相继建造了多艘,但这种类型的船在防止二次污染扩散以及精度要求方面不够理想。

螺旋切刀清淤船通常是尾部带有两根定位桩的非自航挖泥船。其关键装备切刀为同轴互逆式螺旋筒体,一般带有双层罩壳。

**比利时环保绞吸挖泥船"Amoris"号**

该船于2010年交付,是一型带有装驳设备的小型全电动非自航环保绞吸挖泥船。船舶主要参数为:总长64.4米,箱体3.4米,型宽9.5米,吃水1.3米,吸管直径450毫米,挖深18米,电力设置1 800千伏安。该船专门针对安特卫普港污染底泥的清除而设计,采取多种环保措施,以防水体污染;同时采用大功率液压油缸驱动的自行摇摆式桥架和别具一格的4桩定位,并带有装驳设施,由于省却了横移船系统,故作业时不阻碍航道。港区内还专门设置有与之配套的全封闭污染底泥处理厂,对于繁忙而又污染严重的港区整治不失针对性。

> 图118 4桩定位的小型全电动环保绞吸挖泥船"Amoris"号

### 荷兰、日本相继开发环保耙吸兼浮油回收船

利用耙吸挖泥船自航、机动性强及动力充裕等特点,在其基础上加装若干套浮油回收装置,使其在增加有限投资的情形下获得海上浮油回收的功能,这是一项十分有益的尝试。

早在20世纪70年代,荷兰、日本等造船发达国家先后研制并投产了兼顾浮油回收作业的耙吸挖泥船,用于应对港口码头以及海上油气采集水域日益严重的浮油污染,获得预期成功。荷兰IHC开发兼浮油回收功能的耙吸挖泥船"Slicktrail"号就是这一时期的代表作。

这一时期,正是日本工业化发展迅猛的时期,面对日益严重的工业污染,1978年日本建造了一艘兼具浮油回收的双耙挖泥船——"清龙丸"号。

> 图119 荷兰IHC20世纪70年代建造的兼浮油回收功能的耙吸作业船"Slicktrail"号

> 图120 日本具有收集浮油回收系统和直升机平台的"新清龙丸"号耙吸挖泥船

第2章 庞大家族——挖泥船的分类及特点

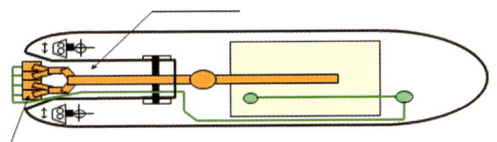
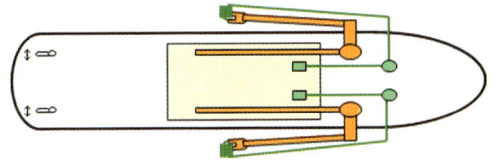

> 图121 "清龙丸"号和"新清龙丸"号耙吸系统布置上的主要差异（左图为尾中耙的新船）

在经历了20余年的作业实践后，2005年更新船型"新清龙丸"号再次问世。较之"清龙丸"号，"新清龙丸"号不仅各项性能指标有了显著提高，新造7.2米宽的尾中耙还能实现"薄层"环保清淤和高精度平整疏浚功能，最大限度地减少遗留、超挖和不规则状条纹疏浚。

"新清龙丸"号耙吸挖泥船不仅能够有效地回收和处理水面浮油和污油，新设置的尾中耙还可以对水底污染泥进行超薄层环保疏浚，而不造成水体污染。

### 我国自行开发的溢油处置船——"海上石油252"号

随着我国海上油气开采步伐的日益加快，相关水域的环保措施也需要相应跟上，我国自行研制的浮油回收及油污水处理船已经开始大批量生产并配置在各海区油气生产平台、大型港区及专用油码头。

### 水面清扫船

国内外主要旅游景点湖泊、水库以及海湾、自来水厂的蓄水池、大小水电站等大多配备有各式清扫作业船，以保持水面清洁。

> 图122 尾中耙设置的"新清龙丸"号耙头宽7.2米

> 图123 我国自行研制的溢油处置船——"海上石油252"号（2010年）

> 图124 水葫芦打捞船

挖泥船

> 图125　水上工作船

> 图126　水库小型水面保洁船

> 图127　整治后的昆明草海——国家级自然保护区、全球十大最佳湿地观鸟区之一

第2章 庞大家族——挖泥船的分类及特点　73

> 图128　环保治理后的南京玄武湖重现昔日秀美风光

采矿船

占据地球面积71%的海洋，蕴藏着极为丰富的矿藏，且绝大多数深藏海底，石油不过是其中的一部分。未来深海采矿无疑将给海洋疏浚业的持续发展带来更加美好的前景。

采矿船多由传统挖泥船派生出来，美国Ellicott公司生产的中小型绞吸和斗轮挖泥船已在许多采矿作业场所获得应用。

矿业开采可分为两大门类——陆地开采及水下开采。从陆上走向水下——即从干重矿的开采走向湿状开采，这一变化意味着开采难度及成本的大幅增加。迄今西方发达国家在水下采矿作业方面已积累了100余年的实践经验，且正在走向深海。

采矿船主要组成包括：采矿支援船

> 图129　美国Ellicott"巨龙"型斗轮船在采矿作业现场

> 图130　IHC深海母—子采矿船

> 图131　深海采矿系统在水下钻石开采中

（母船）；带挖掘和泥浆抽吸系统的海底自行车（采掘子船）；发射和回收系统；带离心泵的垂直运输系统；电气控制与仪器仪表系统；定位和可视化系统。

由于挖泥和水下采矿作业是"近亲"，大多数矿业的水下采掘借助挖泥船及相关技术，在挖泥船基础上做些必要的改装，这和环保疏浚船的情形相似。较常见的采矿作业有：采砂、采盐、采金、采芒硝、采钛、采锆，以及深海锰矿及骨料采掘等。常见链斗、抓斗、斗轮、耙吸等挖泥船型，其关键技术就是水下挖掘、泥浆输送及分离，对吸入浓度的要求较一般疏浚更高。

这类船型在欧洲疏浚船队中多有配置，通常采用单边耙设置，以便在船的另一侧设置骨料传送装置。

我国不少地区也有采砂、采金、采盐、采芒硝等水下采掘作业，大多采用链

> 图132　"APOENA"号斗轮挖泥船在巴西采矿作业（2002年）。该船装船功率1 200千瓦，挖深11米，产量1 500吨/时

第2章 庞大家族——挖泥船的分类及特点

> 图133 中国自行建造的100立方米/时链斗采盐船

> 图134 德米集团5 000立方米骨料疏浚船"理查曼"号在运料作业中（2002年）

> 图135 "Victor Horta"号在码头传送骨料上岸作业（2011年）

### 小贴士

**骨　料**

骨料是建筑行业十分重要的原材料，来自海底，图134所示为德米集团5 000立方米骨料疏浚船，所采集的骨料经脱水后被传送上岸。

> 图136 我国"蛟龙"号载人潜水器在深潜作业中

斗挖泥船的形式，而新疆芒硝矿的采掘则借助斗轮挖泥船。深海锰矿的采掘因挖深较大等因素，多采用耙吸挖泥船，但需对耙头进行适度改装。

随着"蛟龙"号载人潜水器在深潜技术上的重大突破，未来我国深海采掘前景可期。

## 落管抛石船

落管抛石船也叫溜管船或溜管抛石船，因海上油气及风电场等基础设施安全维护而崛起，通常具有多种功能：通过船上专门设置的溜管及定位系统向指定海底目标投放石料，以保护被埋设的各类管线和电源线设备免遭损坏；为导管架等油气装备进行基础加护，以防因海水冲刷和恶劣气候而倾覆；部分落管挖泥船还能实施海底挖沟、电缆管线等布设以及回填作业。

抛石船大致分为两类。

一类用于浅海抛石作业，因为水深不大，航程较短，海况相对平稳，故这类抛石船不必设置落管系统，对船舶主尺度（通常装载量3 000～8 000吨）及定位要求（多采用DP-1）也不是很高，甲板上的石块通常由船的一侧甲板抛入海里，即所谓侧抛式卸石船（SSDV）。

另一类则是需要进行深海抛石的作业船，工作水深多在1 000～2 000米，离岸距离较远，风浪大，海况也相对复杂，故对船舶主尺度和吨位要求较浅海抛石船高。抛石作业不仅要求配置落管

第2章 庞大家族——挖泥船的分类及特点

> 图137 "Rockpiper"号落管抛石船

系统，而且该系统必须具备柔性，对动力定位的要求也必然要高（采用DP-2）。考虑到海流对投石精度的影响，船上往往还需设置遥控潜水器（ROV），以确保在深水作业时石块的投放精度。除此之外，这类船往往还兼备重载吊放或用于转运物料。

"Rockpiper"号是具有代表性的落管抛石船，于2012年交付，具有落管抛石和重型起吊功能。

"Simon Stevin"号及"Joseph Plateau"号是迄今世界上最大的落管抛石船，分别

（a）"Simon Stevin"号落管抛石船

（b）"Pompei"号浅海抛石船

> 图138 抛石船

> 图139 "Seahose"号大型落管船

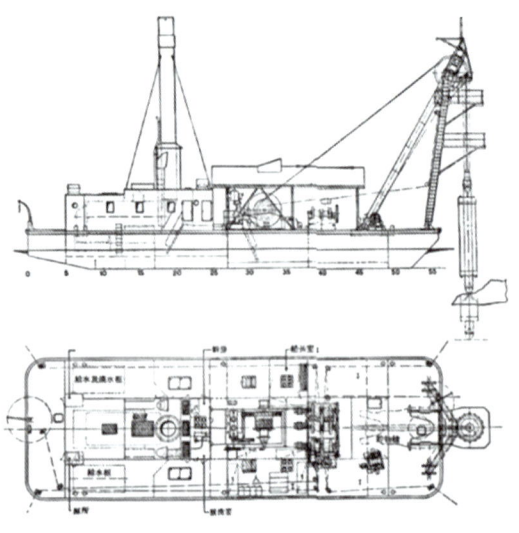

> 图140 早期建造的"Triunfo"号非自航碎石船布置图

于2010年和2013年交付，装载量36 000吨，可通过管道系统作2 000米水深的抛石作业，允许石块的最大尺寸为400毫米。

## 钻孔爆破船

钻孔爆破船即水下炸礁船，是在对于具有水下岩基的航道、运河、港区、码头等实施开挖、拓深及拓宽的改扩建工程中不可或缺的装备。

水下清礁主要包含两项作业：一是施行定位、钻孔、装药和爆破，并将爆破后的较大石块予以粉碎，过程中往往还得用到碎石

第2章 庞大家族——挖泥船的分类及特点

> 图141 "远东007"号钻孔爆破船（2009年）

> 图142 "中远海运玫瑰"号和"中远海运牡丹"号同时通过巴拿马运河瞬间

船。二是采用反铲挖石船或抓斗挖泥船将碎石清除，以全面完成底层清礁任务。

早期钻孔爆破船多为非自航、锚索定位。现今钻孔爆破船为自航船，设有较宽敞的甲板作业面积，且采用桩腿定位。

早在20世纪70年代初期，为了方便川江航道的开发整治，长江航道局曾投产过一艘200吨级的"工程1"号双体钻孔爆破船，该船装有4台钻机，采用6缆定位。

在巴拿马运河改扩建工程（2012—2014年）前期，宁波远东水下工程有限公司联合比利时德米旗下的国际疏浚公司（ID）一举赢得该项目中的水下清礁任务。该公司为此投建了一艘大型自航钻孔爆破船"远东007"号，该船装备了我国自行开发、具有创新理念的桩腿移位定位装置，能适应快速移位和准确定位的要求。2010年初，"远东007"号远赴巴拿马运河工地现场施工，并提前完成了高难度、大面积钻孔爆破的水下施工任务，为巴拿马运河改扩建工程的如期完成奠定了基础。

在运河改造之前，是无法通过这类庞然大物的，这让我们再一次感受到疏浚业的"伟力"。的确，疏浚，让生活更美好！

### 巴拿马运河

巴拿马运河是沟通太平洋和大西洋的重要水上通道，由美国始建于1914年，被誉为世界七大工程奇迹之一的"世界桥梁"。运河现由巴拿马共和国拥有和管理，属于水闸式运河，从一侧的海岸线到另一侧海岸长度约为65千米，而由加勒比海的深水处到太平洋一侧的深水处约82千米，宽的地方达304米，最窄的地方也有152米。2016年6月26日巴拿马运河拓宽工程举行竣工仪式。

## 泥驳

在疏浚工程中,泥驳通常是用来装运泥、砂、石料以及其他疏浚物料的运载工具,泛称泥石驳。泥驳虽然不具备直接的挖泥能力,但在众多的疏浚公司中却是不可或缺的装备。

泥驳通常以其装载容积或质量抑或性能来标称,如开体石驳、甲板驳、1 000方泥驳等。

泥驳有多种分类方法。按装运的对象分,主要有石驳、泥驳、砂驳;按自身结构形式分,有开体驳、底开泥门驳、倾卸驳;按是否能自航分,有自航与非自航泥驳。

在不少情形下,开体驳会和绞吸挖泥船进行组合作业。绞吸挖泥船疏浚时因其自身无泥舱,同时又因挖取的某些物料不便于管道排放,故只能采用泥驳运输。

目前国内拥有的最大自航泥驳为7 100立方米的"长江口驳1"号和"长江口驳2"号。

根据现代"挖-运分离"的物流理念,自航泥驳在未来海上大型吹填工程中将越来越会有大的担当。

> 图143 1 000立方米对开泥驳

第2章 庞大家族——挖泥船的分类及特点

> 图144 3 700立方米自航开体泥驳

> 图145 "长江口驳1"号

# 第 3 章

## 十八般神器
—— 挖泥船的主要设备

挖泥船

## 水力式挖泥船的关键装备
# 泥泵

挖泥船是一个庞大的家族，每种形式的挖泥船都有其秘密武器，功能各异，在这里我们来解密一下这十八般神器，看看它们都是怎样工作的。

泥泵是水力疏浚船的核心设备，被业界称为疏浚船的"心脏"。

泥泵是主要运用水的运动来完成疏浚的，它将水下土层经过机械或高压水切割使之松动，使泥沙与水相混合，形成一定浓度的泥水混合体（泥浆），然后通过吸管将泥浆吸入泥舱或泥驳，或通过排泥管路输送到吹填区域，达到疏浚吹填的目的。

现代泥泵是由离心式水泵发展而来的，自从1700年前后法国物理学家帕宾·丹尼斯（Papin Danis）发明离心泵以来，泥泵便在以后的发展和应用中与挖泥船结下了深厚"感情"。哪怕经历几百年风云变幻，泥泵在挖泥船的实际应用中，与挖泥船相互支持，技术形态不断地提升，无论在效率、过流能力（对大块泥、

> 图146　IHC的第1 000台泥泵即将吊装"HAM318"号

> 图147　"通程"号耙吸挖泥船安装的舱内的泥泵

第3章 十八般神器——挖泥船的主要设备

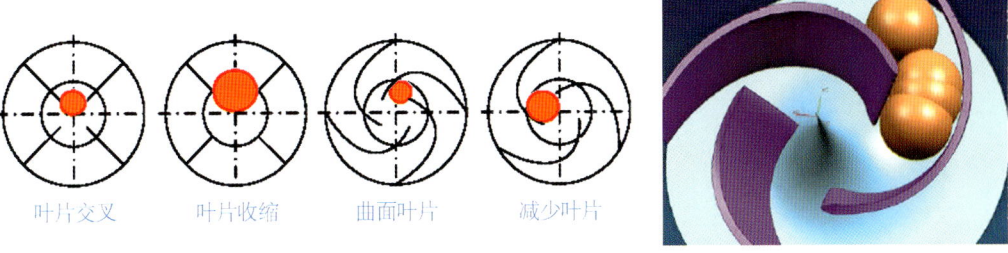

叶片交叉　　叶片收缩　　曲面叶片　　减少叶片

> 图148　绞吸挖泥船泥泵叶片设计，方便球体通过叶轮通道效果图

石）、耐磨性能等方面都呈现出重大进步。泥泵及其驱动系统宛如水力式（耙、绞）挖泥船的心脏，尤其是对于遍布世界各地的水力式挖泥船来说，泥泵一直以来是它们赖以发展的重要核心装备。

### 舱内泥泵

现代泥泵由离心式水泵演变而来，因为流通的介质不一样，泥泵和水泵还是有区别的。为通过固体物，泥泵叶轮流道放宽，叶片数也减少至3~5片。因为泵内流通介质是沙砾，为抵抗剧烈磨损，泥泵采用高耐磨合金制造。由于高耐磨合金硬度高、韧性差，不耐冲击，所以高扬程泥浆泵常采用双壳泵，内壳由高耐磨合金制成，内外壳之间充入一定压力的高压水，以平衡补偿内壳的受力。

泥泵布置在舱内的位置也有一定的要求：舱内泥泵要尽量安装在最低的位置，泥泵位于水面以下越深，吸入能力就越好。一般双边耙吸挖泥船设2台舱内泥泵，泥泵之间必要时可进行串联。绞吸挖泥船为提高排距和产量，通常也设2台舱内泥泵，2台舱内泥泵可串联。除舱内泥泵外，也有部分船使用甲板泥泵。绞吸挖泥船的泥泵还有不同于耙吸挖泥船的特点，绞吸挖泥船需要重点解决的是尽可能形成大的球形通道和良好的吸入能力，要求泥泵在球形通道和吸入能力限制条件下使效率达到最大化。

**小贴士**

**离心泵**

你有没有这样的体验，当你手里拿着一根绳子，绳子的一头拴上重物，让重物绕着你的手旋转，如果松开手，绳子即刻会从你的手中飞出，旋转的速度越快，重物甩出的距离就越远，这个使重物离开的力就是离心力。离心泵是根据离心力的原理设计的，其高速旋转的叶轮带动周边的介质泥水混合物一起转动，并在离心力的作用下，自叶轮中心进入排泥管道，从而达到输送的目的。

（a）吸口侧

（b）背面

> 图149　耙吸挖泥船舱内泥泵叶轮实图

> 图150　带齿轮箱双壳泥泵

> 图151　甲板泥泵的布置

### 水下泵

因为泥泵是根据泥泵叶轮旋转产生的真空来吸泥，随着对挖深和产量要求的不断提高，出现了一种安装在水下的泥泵，就是水下泵。水下泵吸口由于水压作用处于正压状态，因此吸入能力非常强。水下泵最早于1960年应用在耙吸挖泥船上，初期的水下泵尺寸质量都比较大，20世纪70年代，经改进的水下泵在绞吸挖泥船上得到广泛使用。

第3章 十八般神器——挖泥船的主要设备

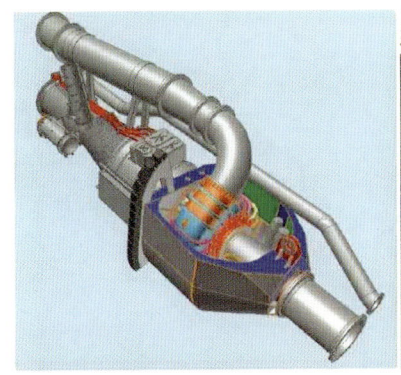

> 图152 大型耙吸挖泥船水下泵

水下泵在耙吸挖泥船与绞吸挖泥船上的应用有所区别。现代耙吸挖泥船上采用的是机/泵一体化，体积小且质量轻的电驱动水下泵造价相对昂贵，但随着对挖深和产量要求的不断提高，水下泵必然朝着更小、更轻、转速更快且更经济的方向发展。而绞吸挖泥船水下泵和驱动系统是相对独立的两个部分，水下泵布置在巨大的桥架内，驱动机械通过长轴系驱动水下泵，驱动系统大多设在水面以上，但也有采用潜水电动机于桥架上的驱动形式，水下泵和驱动装置是两个部分。

> 图153 绞吸挖泥船水下泵

> 图154 绞吸挖泥船水下泵实图

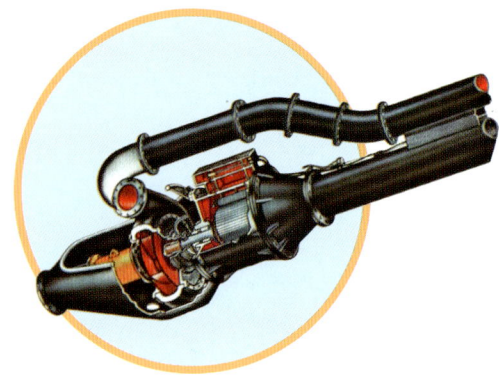

> 图155 耙吸挖泥船水下泵剖视图

### 高压冲水泵

高压冲水泵是现代挖泥船的重要设备之一。耙吸挖泥船上的高压冲水系统通过耙头的喷嘴疏松被挖泥土，可以减少耙头阻力，提高吸入泥浆的浓度。高压冲水泵形成的高压水，其力度足以穿透200毫米以上的坚实土层，即使是相当黏结的泥层也会顷刻被"雾化"。在泥舱内壁上相应设有若干高压喷嘴，以便在排泥过程中使泥层疏松，利于排放。

> 图156 挖泥船上的高压冲水泵和管路

# 挖泥船的动力装置

动力装置为船上的各种设备提供动力。挖泥船自问世以来，在动力装置的发展上经历了从蒸汽动力到柴油机动力的过程，但蒸汽动力挖泥船基本是20世纪中叶以前的挖泥船，之后的挖泥船基本以柴油机动力为主。随着电力驱动技术的发展，电力驱动在挖泥船上的使用十分普遍，但最终的动力源还是柴油机。

按照转速不同可将柴油机分为三类：额定转速在1 000转/分以上的柴油机称为高速柴油机，常用的机型转速在1 500～2 100转/分，功率范围通常从几十千瓦到2 000千瓦左右，结构紧凑，基本不需要外部系统，在挖泥船上通常用作发电机驱动、液压泵驱动和高压冲水泵驱动，一些比较小的泥泵用高速柴油机驱动；额定转速在300～1 000转/分的柴油机称为中速柴油机，相对于高速柴油机系统稍复杂，但仍属紧凑型柴油机，功率范围通常从几百千瓦到上万千瓦，功率覆盖范围大，在挖泥船上通常用来驱动螺旋桨、发电机、高压冲水泵等；额定转速在300转/分以下的柴油机称为低速柴油机，低速柴油机多用于直接驱动螺旋桨，在现代挖泥船上很少使用。

早期的挖泥船上会有十几台柴油机。这些柴油机体型都很庞大哦，如果你到现场的话，还能听到它们运转时嗡嗡的轰鸣声。

现代的挖泥船不断向外海、深海开展作业，航速提高，对功率的需求越来越高，同时对挖深和产量要求的提高，舱内泥泵功率增加，水下泵、高压冲水泵等功率的需求也日益增大。如果按照传统的柴油机驱动，挖泥船上柴油机的数量将越来越多，功率也越来越大，那么建造成本和使用成本会急剧增加。

### 柴油机

柴油机是燃烧柴油来获取能量的发动机。它是由德国发明家鲁道夫·狄塞尔（Rudolf Diesel）于1892年发明的，为了纪念这位发明家，柴油就用他的姓Diesel表示，柴油机的英文为diesel engine。

> 图157 挖泥船上的柴油机（高速柴油机）

> 图158 挖泥船上的柴油机（中速柴油机）

采用复合驱动和电力驱动技术能最大限度地利用柴油机的功率，减少船上的柴油机数量，如现在一条大型耙吸挖泥船只需要设3台柴油机就可满足螺旋桨、舱内泥泵、水下泵、高压冲水泵、电站的功率需求，大大降低了挖泥船营运及维修成本，便于操纵管理，减轻船员的工作强度。

现代挖泥船柴油机驱动的主要组合方式有：

① 主机前轴驱动泥泵、后轴驱动螺旋桨（CPP）、旁带轴发电机的"一拖三"复合驱动型式，亦称柴油机直接驱动方式。

② 主机前轴驱动主发电机、后轴驱动CPP的型式，即柴油-电力驱动型式。

③ 全电力驱动形式是随着电力推进技术发展起来的新的驱动型式，即多台柴油机驱动发电机形成主电站，挖泥船上其他主要设备都采用电机驱动，最新建造的"长鲸7"号耙吸挖泥船和

> 图159 耙吸挖泥船的螺旋桨和舵

> 图160 舵机

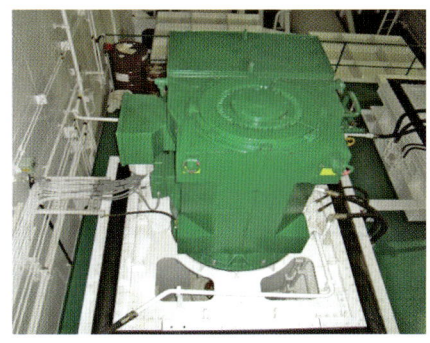

> 图161 侧推

> 图162 分油机

"新海鲲"号绞吸挖泥船均采用全电力驱动。

柴油机是挖泥船上的主要动力装置,但挖泥船上的装置还有很多:推进用的螺旋桨,掌握船舶方向的舵,辅助挖泥船进出港的侧推,为船上创造良好工作环境的空调装置,为柴油机工作提供良好油料的分油机,为船上设备冷却用的冷却器,为船上设备加热的锅炉等。船上这么多装置一起工作,才能让挖泥船跑得快、挖得多、开得稳,又有四季如春的工作环境,管理和控制这些装置的地方就是机舱集控室。

### 小贴士

#### 复合驱动与电力驱动

复合驱动是现代挖泥船尤其是大型耙吸挖泥船常用的驱动方式,一台柴油机同时驱动多种设备,通过合理配置,使柴油机功率得到充分利用,这种驱动形式就叫作复合驱动。电力驱动,顾名思义就是船上柴油机用来驱动发电机,其他设备均采用电机驱动。

> 图163 空调压缩机组

> 图164 板冷

> 图165 废气锅炉

> 图166 机舱集控室

第3章 十八般神器——挖泥船的主要设备

# 耙吸挖泥船的主要系统组成

耙吸挖泥船用疏浚装舱法开挖航道，它边走边挖，且挖泥、装泥和卸泥等全部工作都由自身来完成，满舱后驶向倾倒区，把船舱的疏浚泥沙卸载，再返回挖槽，重复上一轮的工作。挖泥时，耙吸挖泥船把耙放置在要疏浚的港池、航道上，船往前开，耙就把泥耙起来，像牛犁田一样，在泥泵的真空吸力作用下，吸起的泥沙经由泥管进入泥舱。形象地说，耙头犹如一个人的嘴巴，耙管好比咽喉，而硕大的泥舱及其各类吸排管系有如肠胃，所有泥沙都得从吸嘴耙头、吸管经泥泵送入泥舱。

## "大嘴巴"——耙头

耙头是由吸头、泥耙下唇、耙齿、格栅、罩壳等组成的机械松土器。耙头设在耙吸管端部，挖泥时紧贴于水底，斜拖行进。它是耙吸挖泥船用来吸取泥浆或泥沙的管路的最前端设备，因原理与形状似钉耙而得名。现代耙头增加了电子传感器、液压装置以及喷水装置等，用来获得最佳吸泥效果。

耙头是耙吸挖泥船唯一同水下被挖掘泥沙发生接触的机械部件，耙头的真正功效是破坏各种土壤的凝聚力。挖掘过程中可以利用冲刷、机械作用或两者兼用。

耙头与泥泵同属疏浚系统中的关键设备。一个成功的耙头不仅意味着吸入浓度高，对不同泥质挖掘的适应性强，单位时间内的挖掘产量高，而且还应该使耙挖时产生的阻力尽可能小，以降低挖掘成本，延长使用寿命，使综合经济效益达到尽可

> 图167 "通远"号耙头

> 图168 "通途"号耙头

能完美的境界。因为当船处于2~3节航速挖泥作业时,耙头的阻力已明显大过船体阻力,这就要求不断提高耙头设计制造的技术含量。长期以来高效耙头一直是国内外疏浚界重点研究的对象之一。

100年来,随着耙吸挖泥船的发展,耙头的形式也不断改进和更新,从老式的弗路林钩型耙头、文丘里型耙头、安布罗斯鞋型耙头到加利福尼亚型耙头以及活动罩式耙头等,并逐步发展到今天利用耙齿切削和高压冲水疏松泥砂的新型主动耙头。

> 图169 加利福尼亚型耙头

> 图170 新型带罩壳的主动耙头

以往使用过的耙头中,一直在不断地发展演变、沿用时间最长的要算加利福尼亚型耙头,该耙头早期由美国人发明,它的特点是活动罩壳可根据不同挖深自动调节,经不断改进沿用至今。这种耙头现今主要用来对付高度密实细沙及高黏度土质。荷兰IHC公司和德国LMG(前身O&K)公司均在原有耙头的基础上进行了多项革新,形成了各自的加利福尼亚型系列耙头。

现代耙头的基本构造由两大部分组成:耙头本体和由液压油缸推动(或带有推杆)的活动罩壳。液压油缸由电动控制的水下泵驱动。罩壳确保耙头在不同挖深下均能更好地与泥层表面贴合。耙头前端装有一块可调节角度的进水挡板,借以调节海水吸入量,改变吸泥面的压力,确保高浓度泥浆吸入。

随着耙吸挖泥船的不断开发和发展,耙头的形式也在不断改进和更新,现代的耙头上有耙齿和高压冲水喷头,在机械力和冲刷的双重作用下破坏各种土壤的凝聚力。

在美国,对某些特殊海域施工作业的耙吸挖泥船,还必须考虑到对珍稀动物的保护措施,2000年在美国5 000立方米"自由岛"号耙吸船的设计中,耙头上就装有一种人性化的海龟偏针仪,以使海龟免受劫难。

> 图172 船员们对珍稀动物海龟爱护有加

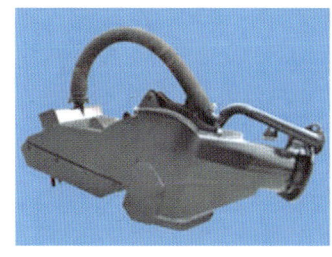

> 图171 通用型耙头

> 图173 吊装中的耙头

> 图174 高压冲水中的耙头

> 图175 现代耙头（"Vasco da Gama"号）

第3章 十八般神器——挖泥船的主要设备

> 图176 从荷兰IHC进口的"新海龙"号耙头

耙头是耙吸挖泥船的吸嘴，一个好的耙头应具有以下优良品质：

① 耙头和泥面要处于最佳的贴合状态，能有效地疏松泥层。
② 产生的阻力小。
③ 密封性能好，泥浆浓度高。
④ 故障少，维修方便，寿命高。
⑤ 价格优。

 **"咽喉"——耙管及吊放系统**

耙管（或称吸管）是耙头的重要支撑，同时也是海底泥沙进入泥舱的咽喉之地，在海底和船之间建立连接，使运输疏浚泥浆成为可能。耙吸挖泥船耙管的设置有单耙（管）和双耙之区别，既可以在船的一舷设置，也可以在两舷设置，甚至还可以在船的中后部位设置，即所谓尾中耙。采用双耙作业的耙吸挖泥船占比较大。在作业时，耙头连同耙臂浸没入水中，在泥泵强大真空吸力作用下，以对地2~3节低速航行，耙头贴近泥面疏挖泥沙并不断通过耙管将其泵入舱内。

在不工作时，耙头和耙管被调放到甲板上休息，作业时通过设在甲板两舷的吊架进行操作，将耙头和耙管移出舷外放到水下，作业结束再将耙头、耙管收回。耙头、耙管均在收放绞车钢索的悬吊之下。

挖泥船追求大挖深和高产量而设置水下泵，水下泵安装在耙管上，可获得更高的泥浆浓度、更大的挖掘深度和节省更多能耗。

> 图177 耙管的基本组成

1-弯管，包括支架；2-橡胶管；3、5、8-带支架的中间管；4-上段耙管；6-橡胶管；7-万向接头；9-旋转接头；10-下段耙管；11-耙头。

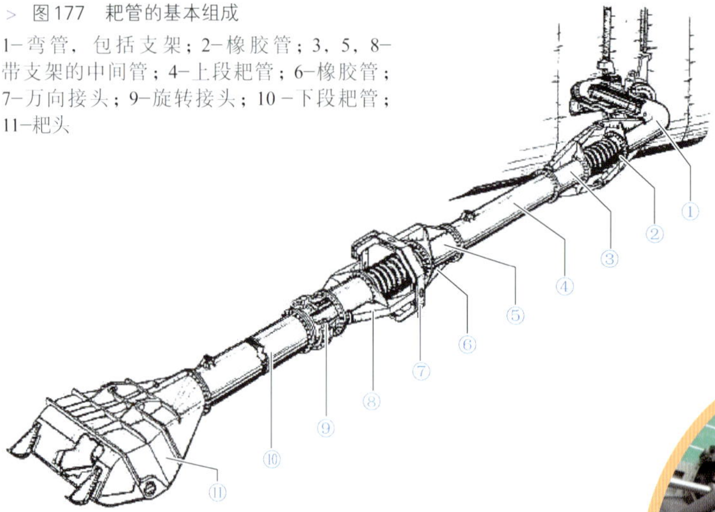

> 图178 甲板上的耙头和耙管

第3章 十八般神器——挖泥船的主要设备

> 图179 吊架

> 图180 吊架下放耙头和耙管

> 图181 耙头及耙管完全没入水中开始挖泥作业

耙中吊架

耙头吊架

吊架底座

起吊滑轮组装置

> 图182 各类吊架

> 图183 耙管上安装了水下泵

## "超级胃"——泥舱

泥舱对于耙吸挖泥船来说是非常重要的特征之一。我们经常说的挖泥船舱容就是指这个泥舱的容积,其计量单位为立方米,也是指这个"超级胃"能装下多少泥浆。耙吸挖泥船是以泥舱的容量来比较标识的。

现代挖泥船泥舱设计安装了溢流筒、消能箱等设备,与早期挖泥船相比显然是技术上的进步。

 **小 贴 士**

### 溢流筒

泥舱中间一个很粗的可调节高度的筒穿过船底,通入泥舱高处,当泥舱内液体上升到溢流管顶部时,上层浓度较低的泥浆就通过管道口自船底排出。水在上,泥在下,水排走了,泥浆沉在底部,变相提高了泥浆浓度。及时排出舱内的不饱和泥浆,提高沉积密度的溢流筒现在均采用液压可调节式。

> 图184 泥舱溢流筒

在耙吸挖泥船中,泥舱占据了将近一半的船体,通过耙头、耙管和泥泵吸上来的泥浆通过耙管装入泥舱内。为了使"超级胃"好好消化,在泥浆进入泥舱前经过消能箱来减少对舱内泥水的冲击,泥舱内还设有溢流筒,其高度可以调节,消能箱和溢流筒的设置都有助于舱内泥沙的快速

 **小 贴 士**

### 消能箱

耙吸挖泥船挖掘的泥浆(即使浓度较高),由于受到泥舱的大小、入舱方式以及泵的压力、流速、流向等因素影响,如直接排入泥舱会造成舱内的流态和紊流产生变异,即会使泥水混合物愈加混浊,不利于沉淀,如此会影响挖泥效率。而消能箱是在泥舱上部近泥舱口部位,横跨两舷设置带有格栅的箱型或圆筒型箱体,作用是使吸入的泥沙由此进入泥舱,并加快舱内泥沙的沉淀。

> 图185 早期"Weeks"号耙吸挖泥船装满泥舱情景

消能箱

> 图186 泥舱溢流筒和消能箱

沉淀,好让"超级胃"吃饱。

泥舱装满后,挖泥船就要开往抛泥地点进行卸泥作业了,尽管卸泥有多种方式,通过泥门卸泥仍是最基本、最常见的方式。在泥舱的底部设有多个泥门,到达卸泥地点后,打开泥门,在重力(有时还得借助高压冲水系统的配合)的作用下,泥沙就从泥门中排出了。常见的泥门有锥形泥门和方形泥门两种形式。

还有一种开体式泥舱,无须设置泥门,船体被设计为两个对称的半体,当满载泥沙行至排泥场时,沿纵中线向两侧开启,将满舱泥沙排空。这种形式并不常见。

> 图187 泥舱底部结构及泥门

第3章 十八般神器——挖泥船的主要设备

> 图188 锥形泥门

> 图189 方形泥门

> 图190 方形泥门俯视

> 图191 开体船开启卸泥作业

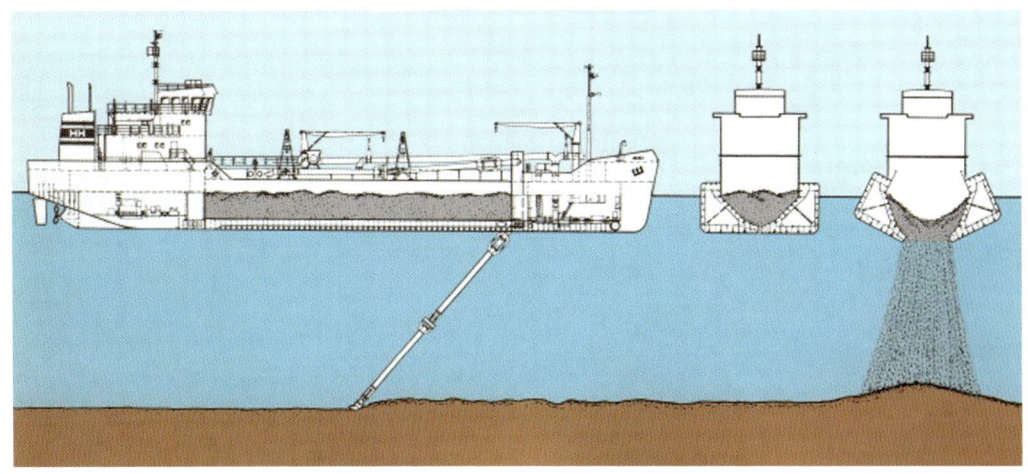

> 图192 开体耙吸挖泥船船体开启作业卸泥示意图

## 不一样的彩虹——艏吹排岸系统

打开泥舱泥门卸泥仅是耙吸挖泥船最传统的卸载方式，现代耙吸挖泥船还可以通过安装在船首部的专用装置——艏吹装置进行艏喷作业和排岸作业。艏吹装置扩大了耙吸挖泥船的作业范围，向上的喷嘴用来喷出"泥彩虹"，向下的接头用来接浮管。艏吹和艏喷（排泥）的推广应用，进一步增强了耙吸挖泥船在疏浚船队中的优势地位，尤其是在大型吹填造地工程中。

> 图193 艏吹装置

> 图194 连接艏吹装置的泥管

第3章 十八般神器——挖泥船的主要设备

> 图195 艏吹作业辅助绞车

> 图196 艏喷作业

> 图197 正在经浮管进行排岸作业的耙吸挖泥船

# 绞吸挖泥船的主要系统组成

**绞**吸挖泥船的特性是安装绞刀头/绞刀作为挖掘工具,使泥土在切削后被吸入。在吸泥过程中,绞吸挖泥船是以定位桩为中心,通过固定在两侧边绞盘上的锚缆同步收放、按圆弧形轨迹往返绞进作业,绞刀、驱动器、吸泥管以及高压冲水管等都置于绞刀架(桥架)上,当挖掘硬物时部分切削力需借助船及定位桩加以平

第3章 十八般神器——挖泥船的主要设备　107

> 图198　绞吸挖泥船连接长长的排泥管

> 图199　绞吸挖泥船

衡。挖掘的泥水混合物由排泥管输送到排泥场或装驳运输。

###  "铁齿铜牙"——绞刀

绞刀是绞吸挖泥船的重要挖泥部件，设于绞刀架的前端，作为切削部件。绞刀在动力（液压或电动）驱动下，绕其自身轴顺时针高速转动，切割泥层使之变形而破碎，被切削泥沙沿着刀片的螺旋走向汇集于吸口附近的腔内，形成的泥水混合物被泥泵经由吸管吸入，并通过水陆排泥管排至卸泥区域或装驳。

绞刀一般由5~6个刀片组成，刀片呈螺旋状安装到绞刀座上。为适应不同泥质（黏性土、砂土及高硬度的岩土），提高挖掘效率，刀片上可还加装刀齿和高压冲水，这也是现阶段新型高效绞刀的重要特征。装上了刀齿的绞刀可以挖硬土，砾石、岩石也不在话下，是真正的"铁齿铜牙"。虽然已是"铁齿铜牙"，但在实际挖泥作业工程中，有时一天就得更换好几把刀，所以

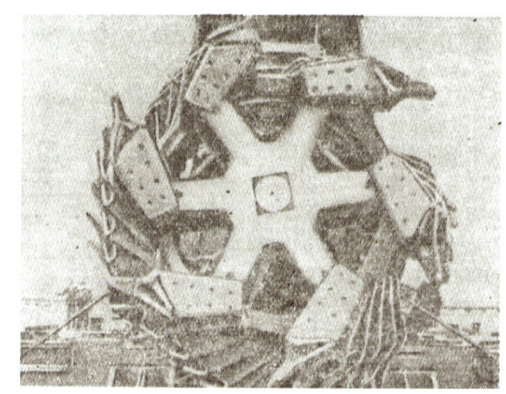

> 图201 早期带螺旋刀片的重型绞刀

> 图202 Bosskalis研制的双圆鼓型绞刀

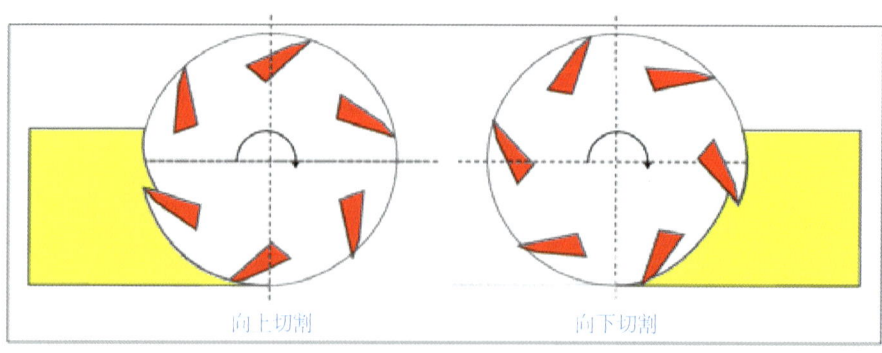

> 图200 绞刀向左侧和右侧往返挖泥效果示意图

第3章 十八般神器——挖泥船的主要设备

> 图203　各式绞刀

> 图204　各式新型（带齿、带高压喷嘴）高效绞刀被开发应用

绞刀及单个齿均可以方便地换装。

针对不同的挖掘对象，绞刀有各种各样的技术规格和尺寸型号。当挖掘岩石等硬质土时，需采用较大的功率和转速、较小绞刀直径，而当进行大挖深采掘时，宜采用较短的绞刀。不同的泥质及挖深，匹配的绞刀不同。

 "兼收并蓄"——斗轮

斗轮也就是所谓的轮式绞刀，除了切削工具不同外，其余装船设备同绞吸挖泥船相同。由于轮式绞刀的推广应用，且泥

> 图205　带齿的斗轮更适宜对付黏性土

斗布设比较紧密，斗刃切削性能较普通绞刀要提高一倍左右，又由于鼓轮上装有刮刀，且无斗底，效率也得到提高，尤其对黏性、塑性类土质具有更好的适应能力。同时，由于斗轮结构左右对称，且作横轴式转动，使其在左右横移挖掘过程中不仅受力均衡、挖掘效率平稳，且挖槽更平整。

## 绞刀架及吊放系统

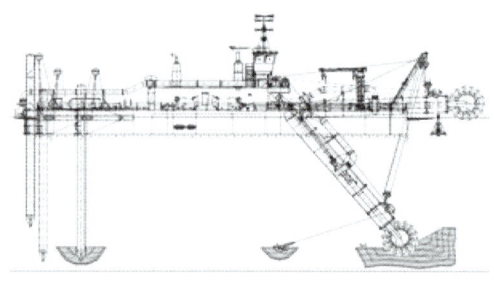

> 图206  斗轮挖泥船作业系统图

绞刀架也称桥架，是用来安装绞刀、绞刀驱动装置、吸泥管线等设备的结构组件。当绞吸挖泥船调遣、靠泊时，桥架通过绞车抬出水面，作业时放入水下，根据挖深需求调整与水面的夹角。

> 图207  "亚洲一哥""天鲲"号绞刀及桥架

## "定海神针"——主要定位移船设备（定位桩/横移锚）

定位桩是绞吸/斗轮类挖泥船的重要辅助设备，在作业时定位桩插入泥中，宛如定海神针，牢牢锁定船身位置，配合挖泥作业。

绞吸挖泥船设有2根定位桩，其中一根为工作桩，作业时以工作桩为固定支点做圆弧形摆动；定位桩放置在可移动钢桩台车上，另一个桩为辅助桩，置于中心线外的尾端一侧。钢桩立于河床上，向船尾方向推动钢桩台车即可推动绞吸挖泥船向前移动，钢桩台车每移动一步，绞刀可切削一层或多层砂石。步进后，绞刀头沿着同心圆弧边横移边挖掘，直到钢桩台车抵达液压缸一个冲程时结束。然后，辅助钢桩放下，工作桩抬升，钢桩台车向后移动，钢桩再次更换，继续下一个台车行程的切削工作。钢桩台车利用液压缸可使船移动4~9米的距离。

在挖泥作业结束后，定位钢桩能够从竖直状态倾倒至水平状态，方便绞吸挖泥船的调遣和作业。

> 图208 台车系统行走装置

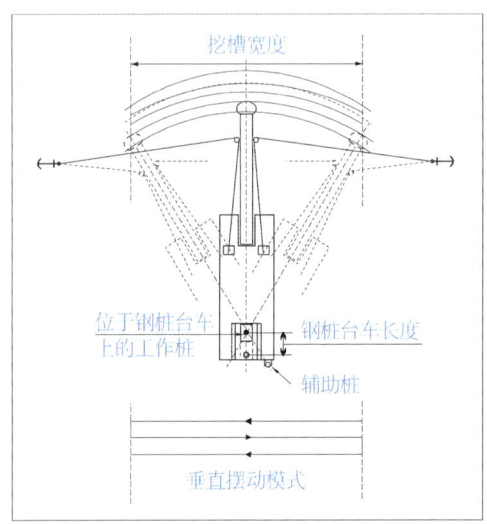

> 图209 绞吸挖泥船工作方式

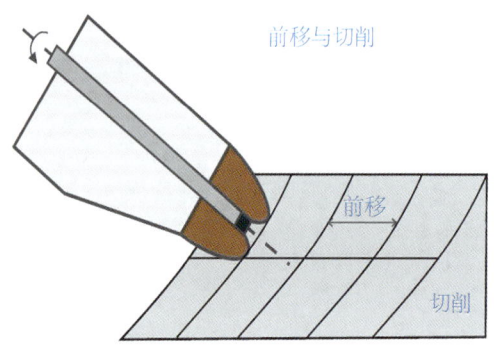

> 图210 步长和切层

函。多数船上采用球形接头来代替转轴部位的橡皮管。

> 图211 在调遣换场时,定位桩须拔起,水平置放在甲板上

 **吸排装驳系统**

现代大型海上作业的绞吸挖泥船大多配备排泥装驳系统。泥泵吸入管段的吸口安装在绞刀端部轴承的下方,吸管就是从该吸口端经由直管、弯管且在桥架根部转动耳轴处以挠性橡胶管替代,由此穿过浮箱首端壁进入舱内,进而从泥泵端口经泥泵吸入,并排出。

排泥管线自机泵舱顶部穿出甲板,并沿着棚顶直通往船尾,在接近水面附近与浮管相连接处装有适当高度的转动填料

## 挖泥船的疏浚控制系统

现代挖泥船，无论是耙吸挖泥船还是绞吸挖泥船，抑或是其他类型的挖泥船，其发展方向都是船舶越来越大、功能更加全面、动力配置更加复杂，同时自动化程度也越来越高。挖泥船上种类繁多的疏浚设备，包括耙吸挖泥船上的如泥泵、耙头、耙管吊放装置、泥舱溢流系统、泥门、艏吹装置等，绞吸挖泥船上如定位桩台车、定位桩倒放装置、泥泵、水下泵、高压冲水泵、绞刀、液压系统等，这些复杂的系统和挖泥设备都是利用计算机技术、控制技术、信息技术，集成为一个数字化的控制和监视系统。

自主疏浚集成控制系统就如同挖泥船的"神经中枢"，控制着船舶各部位、各设备在施工中协调配合，使疏浚作业设备的监测与自动控制、各机具设备和其驱动柴油机工作在最佳工况点上，达到最佳匹配而达到节能降耗。

控制中心在挖泥船的最高层，称为一体化桥楼，里面集中了疏浚控制和航行控制。这个控制中心就像是人类的大脑，控制着挖泥船的各个系统。坐在疏浚控制台前，只需要一个人就可以远程操作这些复杂的挖泥设备了。操作人员看着屏幕操作控制台上的操纵杆、按钮，放下耙头、绞刀头，打开泥泵，挖泥船就开始工作了。

疏浚施工中为避免超宽超深导致的挖泥废方，需要有"眼睛"对船舶及挖掘耙头进行精确定位观测，而挖泥船精确定位控制技术就是挖泥船的明亮"眼睛"。

> 图212 疏浚控制台

挖泥船

第3章 十八般神器——挖泥船的主要设备

> 图213 航行疏浚一体化桥楼

# 第4章 名船博览
## ——国外经典挖泥船

挖泥船

## 概述

自1770年世界上第一艘铁制机械（链斗）挖泥船在荷兰问世以来，欧洲国家（尤其是荷兰）无论在挖泥装备制造业，还是水域疏浚作业的规模和成就方面，一直处于世界的领先地位。荷兰以外，英国、德国、西班牙等西欧国家的挖泥船制造业也曾一度辉煌。

同时，早期挖泥船在亚洲、美洲、大洋洲以及中东地区也得到了快速发展，尤其是美国和日本借以工业发展的先机，在挖泥船的普及和推广使用中创造了不少佳绩。

第二次世界大战结束以来，伴随世界经济的恢复和发展，为世界疏浚业的发展创造了极好的条件。尤其进入20世纪90

> 图214 上海自德国购入的"远东第一耙"3 250立方米"建设"号耙吸挖泥船

> 图215 上海航道局早期自日本购入的6 500立方米边抛耙吸挖泥船（1979年）

第4章 名船博览——国外经典挖泥船

> 图216 具有舷喷装置的耙吸挖泥船在现代大型吹填工程中如虎添翼

年代以来，随着亚洲经济的快速发展，一大批技术先进的大型疏浚装备相继投入，仅大型以上耙吸挖泥船就有23 400立方米"荷兰女王"号（1998年）、20 000立方米"五羊女王"号（1999年）、17 000立方米"尼罗河"号（1999年）以及23 000立方米"HAM318"号（2001年）等，喜迎疏浚界戏称的亚洲"黄金十年"。20世纪末年，在我国香港新建赤腊机场项目的高峰时期，当时世界上18艘大型以上耙吸挖泥船中的16艘不约而同地聚集到了香江之滨，其场景壮观不言而喻。

21世纪，随着复合型动力驱动技术、肥大型船的船型技术、柔性定位桩技术等诸多先进技术的应用和推广，促使挖泥船无论在深度还是广度方面呈现出非同寻常的发展，主要表现在船型的日益大型化，大型绞吸挖泥船的自航化、深远海化。

以下介绍国外不同时期的经典船型及其主要性能特征，透过这些纷繁的船型特征，可以领略世界疏浚装备发展的过去和未来。

## 现代国外耙吸挖泥船的经典船型

迄今为止，国外新建30 000立方米以上大型耙吸挖泥船有6个型号共7艘船，如果加上改装扩容的耙吸挖泥船"HAM318"号和"荷兰女王"号，一共9

艘。这个级别的耙吸挖泥船除了一艘为亚洲国家（马来西亚）拥有外，其余均为欧洲四大疏浚公司旗下居于核心地位的经典船型，是当代耙吸挖泥船最新设计建造技术的集大成者，且各具特色。

以下大致按建造时间先后领略一下当代这些经典船型的勃勃英姿。

### 横空出世：33 000立方米超巨型耙吸挖泥船"瓦斯科·达·伽马"号

"瓦斯科·达·伽马"（Vasco da Gama）号耙吸挖泥船船东为比利时杨德努公司。该船于1998年由德国KF会同恩登公司联合承造，2000年6月初交付，其船名意在纪念葡萄牙航海家瓦斯科·达·伽马。

"瓦斯科·达·伽马"号耙吸挖泥船总长201米、型宽36.2米、型深19米，挖泥吃水14.60米，舱容33 000立方米，载重量60 000吨，吸管直径1 400毫米，泥泵2×4 500千瓦×8 000千瓦、冲水泵2×1 600千瓦×1 150千瓦、水下泵5 500千瓦，挖深131米（后增至140米），航速16.5节，主机2×14 700千瓦、辅机7 660千瓦，轴发电机2×12 500千伏安，总装机功率36 700千瓦，定员40人，按BV规范建造。

"瓦斯科·达·伽马"号主要特征和功能如下：

① 两个后置60米挖深的边耙管挖泥装舱。

② 以16.5节的航速运载泥沙，这是

> 图217　杨德努公司首建33 000立方米超巨型耙吸挖泥船"瓦斯科·达·伽马"号（2000年）

当时最大的运载速度。

③ 通过底开门排放舱内泥沙。

④ 可由浮管及艏喷管两种方式自行排泥。

⑤ 加装有5 500千瓦水下泵的前置耙管，用于实施140米深水疏浚。

⑥ 船体形式——长球艏、双尾鳍、高干舷全通甲板型。

该船的设计使其在浅水航道中具有良好性能：高航速和低冲刷作用。型线设计采用"U"形船首、浅"V"形船尾。两台KF/GIW泥泵分别由主柴油机经三速齿轮箱驱动，可在每台8 000千瓦功率下串联工作以进行自排（岸）作业。大挖深的现代耙吸挖泥船大多在其耙臂上加装有机泵一体化（集成）的水下泵，采用电驱动，以减轻自重，并助力增大挖深和增加挖掘浓度。

33 000立方米超巨型耙吸挖泥船的横空出世，给世界疏浚装备的发展带来巨大的导向作用。该船交付后，仅杨德努公司在2008—2010年的3年时间内又一连投产了3艘巨无霸耙吸挖泥船，即2艘46 000立方米和1艘30 500立方米船，其霸主地位更加稳固。

### 当今世界最大：46 000立方米超巨型耙吸挖泥船

杨德努公司在2007—2011年的5年间内制定了一项包括25艘各型疏浚船舶在内的大规模船队投资计划，其中包含2艘46 000立方米耙吸挖泥船"Cristobal Colon"号和"Leiv Eirksson"号，分别于2008年及2009年交付，建造商均为西班牙IZAR集团。

这两艘46 000立方米的巨无霸耙吸挖泥船为长球艏、双尾鳍、全通甲板船型。船长196米、船宽41米、型深20米，挖泥吃水15.15米，挖深155米，推进功率2×19 200千瓦，装船功率41 500千瓦。

> 图218　IHC公司生产的大型水下泵

**欧洲四大疏浚公司**

欧洲四大疏浚公司主要指比利时杨德努公司、荷兰范奥德公司、比利时德米集团及荷兰波斯卡利斯公司。

> 图219 当今世界最大耙吸挖泥船46 000立方米"Cristobal Colon"号（2008年）

> 图220 当今世界最大耙吸挖泥船46 000立方米"Leiv Eirksson"号（2009年）

第4章 名船博览——国外经典挖泥船

两艘当今世界最大的耙吸挖泥船不仅在泥舱容积上开创了新的纪录，在挖深和航速这两个重要指标上也都达到新的境界：航速较33 000立方米耙吸挖泥船整整高出1.5节，挖深亦较其高出15米。

### 低能耗、低排放的榜样：30 500立方米超巨型耙吸挖泥船"Charles Darwin"号

30 500立方米超巨型耙吸挖泥船"Charles Darwin"号是杨德努公司紧接着33 000立方米和46 000立方米耙吸挖泥船之后在超巨型耙吸挖泥船建造上的又一力作，不仅在同类型船中装船功率最小，而且单方土运作中所耗功率（功率因素）最低。该船由西班牙IZAR集团建造，2010年交付。

30 500立方米超巨型耙吸挖泥船"Charles Darwin"号同样采用全通甲板船型，主要参数为：船长161.3米、船宽40米、型深17.5米、挖泥吃水13米、挖深93.5米、推进功率2×10 800千瓦，装船功率23 600千瓦。

"Charles Darwin"号设计特别成功之处

> 图221 杨德努30 500立方米超巨型耙吸挖泥船"Charles Darwin"号在试航途中（2010年）

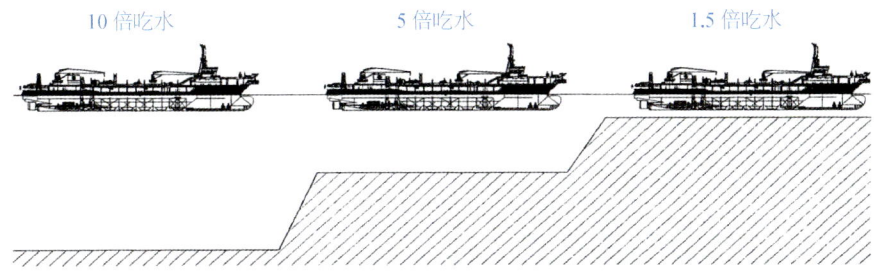

> 图222 耙吸挖泥船经常处在1.5倍吃水的浅水水域环境下施工作业

就在于它低能耗和低排放的船型设计，且具有良好的浅水适应性：原本设计航速16节，在试航吃水仅1.4倍于该船吃水时，航速仍达到14.1节，这是普通运输船舶不可想象的。通常自航船在航行水深10倍于自身吃水时，航速就会受其影响而下降，谓之浅水中失速，耙吸挖泥船在水深3~5倍于自身吃水的水域挖泥作业是家常便饭，肥大型船的设计具有对浅水的特别适应能力。

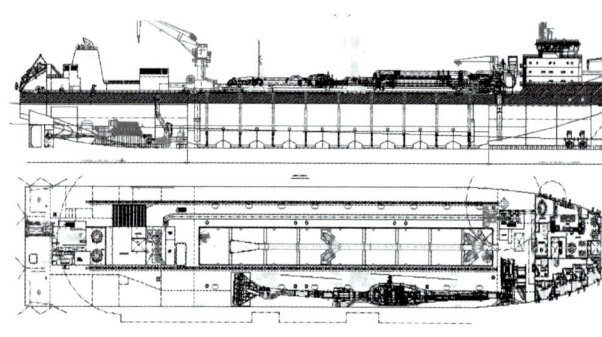

> 图224　31 200立方米单边耙吸挖泥船（右舷安耙，左舷靠驳）"Vox Maxima"号布置总图

### 创纪录的单耙设置：31 200立方米超巨型耙吸挖泥船"Vox Maxima"号

"Vox Maxima"号由荷兰IHC建造，2009年交付，船东范奥德公司。

"Vox Maxima"号船为长球艏、双尾鳍、全通甲板船型。主要技术参数为：舱容31 200立方米，载重量53 839吨，船长186米、船宽31米、型深17.5米，挖泥吃水14.5米，挖深130米，航速17节，推进功率2×13 400千瓦，装船功率31 272千瓦。

这类超巨型耙吸挖泥船装载量十分惊人，往往是自身质量的足足两倍，而且还得在浅水中以16、17节的航速航行，因而

> 图223　31 200立方米超巨型单边耙吸挖泥船"Vox Maxima"号（2009年）

第4章 名船博览——国外经典挖泥船

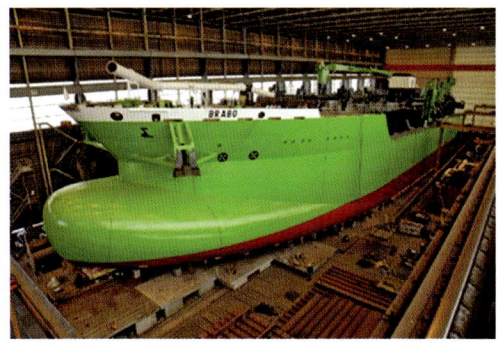

> 图225 超长"U"形球艏浅"V"形艉及双尾鳍的艏艉型线设置是现代耙吸挖泥船的重要特征

对型线设计十分严苛，尤其艏艉形状，现行耙吸挖泥船多采用长球艏配以浅"V"形艉，以获得上佳浅水性能。

"Vox Maxima"号船可以说是荷兰范奥德公司深度谋略、超前打造的未来型装备，也是迄今世界上唯一一艘单耙设置的超巨型耙吸挖泥船。该船基于范奥德"挖运分离"的创新物流理念：即未来深远海取砂作业将使"挖"和"运"剥离，以提高工效和降低成本。范奥德公司甚至已为该船配置好了相匹配的万方级顶推泥驳。

**海量接长改造**：37 500立方米超巨型耙吸挖泥船"HAM318"号

"HAM318"号耙吸挖泥船于2001年建造，舱容23 700立方米，原本就是范奥德公司的"当家花旦"，2007年范奥德公司决定对其进行船体接长扩容改造，将船长从176米增至227米，致使改造后的"HAM318"号泥舱容积一举达到37 500立方米，装船功率28 636千瓦，航速15.5节，挖深110米，使该船一举成为迄今舱

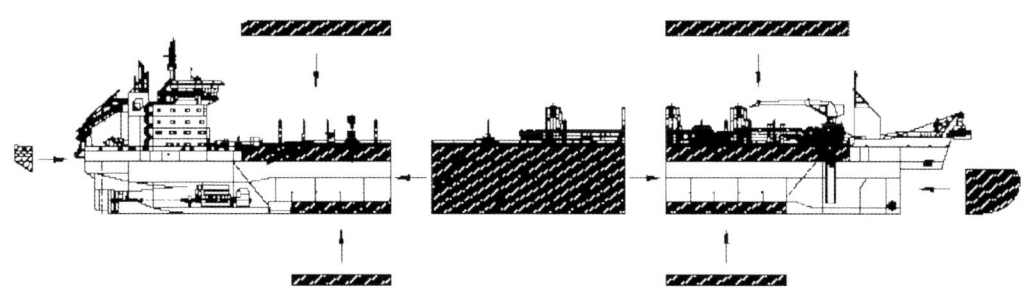

> 图226 "HAM318"号2008年在中远大连造船厂实施扩容改造方案示意图（2008年）

> 图227　扩容后的"HAM318"号船舱容积一举达37 500立方米（2008年）

容最大的接长改造船。这也是中国船厂首次承接超大型耙吸挖泥船的接长改造，因而备受国内外瞩目，以往这类项目多由新加坡或荷兰船厂接单。

艏吹装置的装船应用，使得耙吸挖泥船的卸载方式又多了一种选择，尤其在海上大型吹填工程中功效显著，兼有艏吹功能的耙吸挖泥船更适合于海滩养护作业。

### 便捷型挖泥船：30 190立方米超巨型耙吸挖泥船"刚果河"号

"刚果河"号是一艘多功能超巨型耙吸挖泥船，也是比利时德米集团自2007年起实施的全部9艘耙吸挖泥船建造计划中的最大一艘，2011年6月由IHC交付。

"刚果河"船泥舱容积30 190立方米，设计采用低干舷甲板（与杨德努等新船形成鲜明对比），传统双列泥门，最小船体尺度：船长仅153.3米、型深13.3米，同等功能下最小型容积（$L_p \times B \times D$值）也意味着该船所耗资源最省，而运载能力却不同凡响。挖泥吃水仅12.15米，在超巨型耙吸挖泥船浅水适应性能以及人工智能化设计方面均有新突破，被誉为"便捷型挖泥船"。

(a) 设有双喷嘴的喷头

(b) 泥彩虹海上喷排作业时的美妙瞬间

> 图228　耙吸挖泥船的艏吹装置

第4章 名船博览——国外经典挖泥船

> 图229 德米集团新一代超巨型耙吸挖泥船"刚果河"号满载试航中（2011年）

该船装有2台功率各为11 600千瓦的瓦锡兰16V38型主柴油机，每台借助一只定做的齿轮箱以恒定速度驱动一只螺旋桨。2台高效双壳泥泵各由一台主柴油机（前轴）借助一只三速齿轮箱驱动，每台泵功率8 000千瓦，用于排岸。

耙吸挖泥船传统泥舱设置往往采用双列泥门，中间以三角舱加以分隔，谓之"W"形断面。21世纪以来，众多的大型超大型高干舷耙吸挖泥船则采用了一种单列泥门与浅"V"形泥舱断面相匹配的设置，展示了各自不同风格。

> 图230 2台超大型泥泵及消能箱装备经由水路运送，待装"刚果河"号

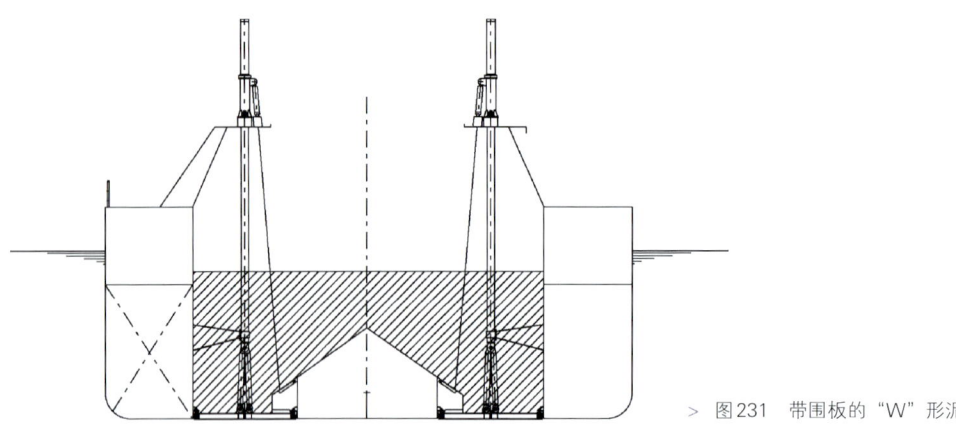

> 图231 带围板的"W"形泥舱剖面

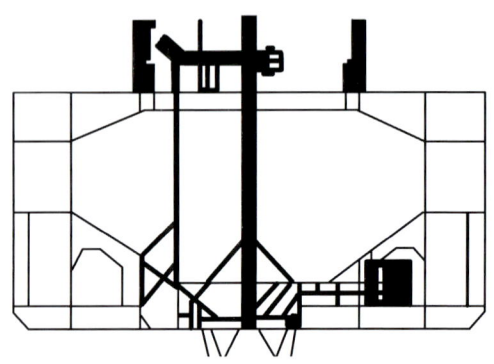

> 图232 全通甲板"V"形泥舱剖面

## 扩容改造：35 500立方米超巨型耙吸挖泥船"荷兰女王"号

建造一艘超巨型耙吸挖泥船耗资不菲，既存在技术风险，也存在投资风险，建造周期也较长。相对稳妥、便捷的途径就是对既有大型耙吸挖泥船进行接长改装，以增大泥舱容积和载重量。波斯卡利斯公司正是通过这一途径，一举改装成功

> 图233 波斯卡利斯公司扩容改造后的35 500立方米"荷兰女王"号（2009年）

2艘3万立方米以上超巨型耙吸挖泥船——"荷兰女王"号和"奋威"号。"奋威"号在天津水域的航道施工中，因与一艘外国货轮相撞而沉没，"荷兰女王"号便成了该公司唯一的"大哥大"。

"荷兰女王"号接长改造后的主要参数：总长230米、型宽32.0米、吃水13.7米，航速16.0节，吸管直径2×1 200毫米，挖深67/83/115/160米，装船功率27 634千瓦，舱容35 500立方米，载重量59 168吨，建造商荷兰Verolme船厂，建造及改装时间为1998年和2009年。2013年前后该船还前往参与连云港扩建工程。

耙吸挖泥船泥舱（不论是"W"形断面还是"V"形断面）内部通常都设有高低压喷水系统，一个是用来稀释泥沙，使其便于卸载，而对于板结的泥土或是不易泄放的边角地带，则通过高压喷头的冲刷加以"驱赶"，以减少泥沙残存。

## 亚洲地区唯一：32 000立方米超巨型耙吸挖泥船"Inai Kenanga"号

泥舱容积32 000立方米的"Inai Kenanga"号是跨入21世纪以来国外新建6艘超巨型耙吸挖泥船中唯一不属于四大疏浚公司的一艘，也是目前为止亚洲地区唯一拥有的一艘，船东为马来西亚Inai Kiara公司，部分疏浚设备由中国配套。

该船由荷兰鹿特丹Vuyk工程公司设计，由马六甲海峡船舶工业集团公司旗下的Sdn Bhd船厂建造，主机型号MAN12V48/60B，额定功率2×13 250千瓦，航速17.5节，同时采用2台3速泥泵，造价约3.05亿美元。

> 图234 耙吸挖泥船泥舱内部加装高压喷水系统以便快速有效地泄放泥沙

> 图235　Inai Kiara 公司 32 000 立方米超巨型耙吸挖泥船 "Inai Kenanga"（2017年）

## 跨世纪产品：21 000立方米巨型耙吸挖泥船"Rotterdam"号和"HAM318"号

"Rotterdam"号和"HAM318"号同属范奥德公司，设计中以跨世纪面目展现了多重技术创新，2001年同期交付，两者船型特征、设备规格等都相当贴近，都采用了"V"形泥舱剖面及单列8个大通径泥门，推进主机功率、型号也一应趋同。

"Rotterdam"号耙吸挖泥船主要参数：总长180.4米、垂线长172.5米、型宽31

> 图236　21 500立方米巨型耙吸挖泥船"Rotterdam"号

米、型深12.5米，疏浚吃水11.36米，泥舱容积21 500立方米，载重量37 000吨，挖深93.5米，泥泵功率2×3 000千瓦（装舱）、2×6 000千瓦（排岸），喷水泵2×2 500千瓦，主机采用"一拖二"驱动；总装船功率27 470千瓦，航速15.9节，定员39人。建造商为Vander/IHC。该两型船刚一投产便双双前往亚洲市场"舒展筋骨"。

### 设计精良：11 650立方米大型耙吸挖泥船"Brabo"号

德米集团的11 650立方米耙吸挖泥船系列共建造有3艘，全为单耙设置，首船"Brabo"号于2007年由IHC交付。

"Brabo"号耙吸挖泥船总长121.5米、垂线长110米、船宽28.0米、型深9.8米，疏浚吃水9.10米，舱容11 650立方米，载重量为18 710吨，航速15.9节，左舷设有直径1 200毫米的耙管（无水下泵），挖深43米，总装船功率11 037千瓦，定员14人。

该型船是典型宽体、浅吃水的高效耙吸挖泥船，主要特点为自重轻、装载能力大、疏浚工效高，不仅装船总功率小，推进比功率0.027更创下迄今大型耙吸挖泥船的最低纪录，凸显可持续发展理念，不

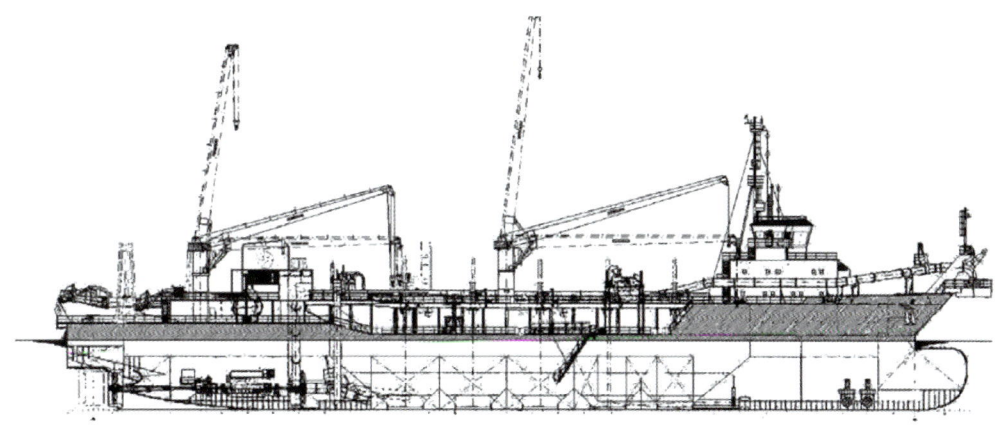

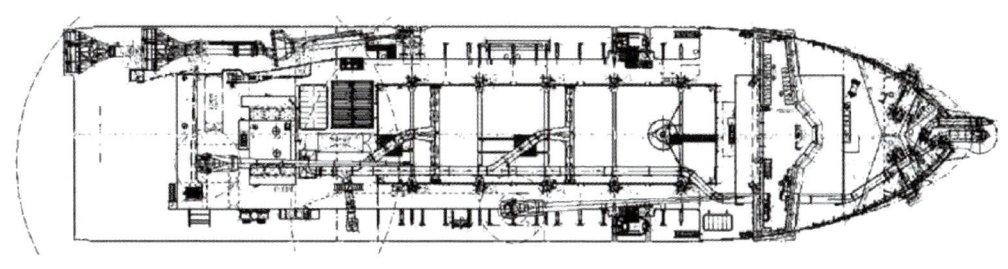

> 图237 设计精良的11 650立方米单边耙吸挖泥船"Brabo"号布置总图

愧为当代大型耙吸挖泥船中的精品。

另一型体量与"Brabo"号接近、双泥舱设置的姐妹耙吸挖泥船"Gateway"号和"Willem Van Oranje"于2010年由IHC交付，船东波斯卡利斯公司，主要参数：总长137米、垂线长125米、型宽28米、型深13.8米，疏浚吃水9.8米，航速15.5节，装载量21 200吨，挖深62米，总装机功率13 812千瓦。

该型船采用两个泥舱间隔设置不仅有利于浮态的纵向平衡，而且由于泥泵舱在两个6 000立方米泥舱之间居中布置，为船舶中部恰到好处地提供了一个附加浮力，利于减缓船体弯矩应力的集中。该双泥舱姐妹耙吸挖泥船主要尺度大致相同，耙管直径1×1 200毫米，泥泵排岸功率17 500千瓦，喷水泵2×1 250千瓦，推进功率2×6 000千瓦。

### 低成本铰链式耙吸驳船：11 468立方米大型耙吸驳船"ELLIS ISLAND"号

"ELLIS ISLAND"（艾莉丝岛）号是迄今仅见、采用安太堡（ATB）链接的组合式耙吸驳船，船东为美国最大疏浚公司——大湖疏浚与船坞公司（GLDD）。该耙吸驳船于2017年11月交付，也是迄今美国装载能力最大的耙吸船，由美国东方造船建造，海湾工程公司设计，连同顶推驳船在内，该组合总造价为9 400万美元。该型耙吸组合还荣获2018年美国本土建造的"十佳船舶"。

> 图238　美国安太堡铰链组合式11 468立方米耙吸驳船"ELLIS ISLAND"号（2017年）

"艾莉丝岛"耙吸驳船长146.3米、宽28米，泥舱容积11 468立方米。耙管直径0.915米，挖深37米。据悉，早前大湖公司曾拥有一艘名为"长岛"号的类似轮驳组合，主要动力皆由拖轮提供，同正规耙吸船相比，组合耙吸驳船确实有望实现低成本疏浚。这与范奥德公司的"挖运分离"理念似为异曲同工。

### 不同凡响：9 200立方米大型耙吸挖泥船"Glenn Edwards"

见到这么一张外形图，有些读者会否产生疑问：这还是一艘耙吸挖泥船吗？不错，这确是一艘耙吸挖泥船，它是由美国曼松建筑公司2006年投资建造，迄今美国最大、最现代化的耙吸挖泥船，只是内外构造、装备的配置确实有些"与众不同"。全船采用11台柴油机设置姑且不说，其两舷耙臂的设置让人耳目一新：耙臂泵（水下泵）及其卡特柴油机都设于其上（转动轴两端），好似小朋友玩的跷跷板，真是特立独行。

第4章 名船博览——国外经典挖泥船

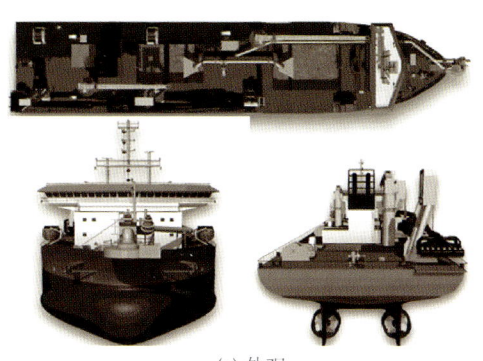

(a) 外观

(b) 作业中

> 图239　12 000立方米双泥舱姐妹耙吸挖泥船（2011年）

> 图240　曼松建筑公司9 200立方米"Glenn Edwards"号——迄今美国最大耙吸挖泥船（2006年）

> 图241　德国吕贝克集团为印尼建造5 000立方米级中型经典船型"ARU-Ⅱ"号

## 革新样板：中型耙吸挖泥船5 000立方米"ARU-Ⅱ"号

"ARU-Ⅱ"号是德国克虏伯（Krupp）集团为印尼用户设计的一艘5 000立方米耙吸挖泥船，由斯德拉耳松船厂建造，1994年交付。

该船泥舱部位的设计一改传统双列泥门＋三角舱的剖面模式，率先采用了单列大通径泥门＋浅"V"形泥舱剖面，不仅大大减少了泥门个数，减轻了泥舱结构，还减轻了溢流水对周围水体表面的污染。

21世纪以来，在大中型耙吸挖泥船设计中普遍采用的大通径单列泥门与浅"V"形泥舱断面的组合模式，其实在20世纪90年代的德国已经开创了先河。

"ARU-Ⅱ"号主要参数：总长124.4米，垂线长115.1米，型宽18.0米，吃水7.9米，航速12节，管径2×850毫米，挖深30米，装船功率7 400千瓦，舱容5 000立方米，装载量10 025吨。

我国长江航道局在20世纪90年代后期通过消化吸收上述新型泥舱泥门技术，自行建造了一批高技术含量的中小型耙吸挖泥船。

**表2　21世纪以来国外新建30 000立方米以上超巨型耙吸挖泥船主要技术参数**

| 船名 | Vasco da Gama | Vox Maxima | Charles Darwin | Cristobal Colon Leiv Eiriksson | Congo River | Inai Kenanga |
|---|---|---|---|---|---|---|
| 船东 | JDN | Van Oord | JDN | JDN | DEME | Inai Kiara |
| 建造商 | 德国KF/Thyssen | 荷兰IHC | 西班牙IZAR | 西班牙IZAR | 荷兰IHC | 荷兰Vuyk/马来西亚Inai |
| 批量（艘） | 1 | 1 | 1 | 1+1 | 1 | 1 |
| 交付 | 2000年 | 2009年 | 2010年 | 2008年/2009年 | 2011年 | 2013年 |
| 船型 | 长球艏、双尾鳍、高干舷、全通甲板 | 长球艏、双尾鳍、全通甲板 | 长球艏、双尾鳍、全通甲板 | 长球艏、双尾鳍、全通甲板 | 长球艏、双尾鳍 | 球艏、双尾鳍、常规甲板 |
| 舱容（立方米） | 33 000 | 31 200 | 30 500 | 46 000 | 30 190 | 32 000 |
| 载重量（吨） | 60 000 | 53 839 | 41 500 | 78 000 | 47 190 | 50 000 |
| 船长（米） | 178 | 186 | 161.5 | 196 | 153.3 | 186 |
| 型宽（米） | 36.2 | 31 | 40.0 | 41 | 38.0 | 36.4 |
| 型深（米） | 19 | 17.5 | 17.5 | 20 | 13.3 | 14.9 |
| 夏季吃水（米） | 13.45 | 12.25 | 11 | 14.15 | — | — |
| 疏浚吃水（米） | 14.6 | 13.6/14.5 | 12.0/13.0 | 14.15/15.15 | 12.15 | 12.3 |
| 舱容系数 | 0.27 | 0.306 | 0.27 | 0.286 | 0.39 | 0.339 |
| 挖深（米） | 45/60/131 | 47/130 | 93.5 | 155 | 36/56 | 95 |
| 装船总功率（千瓦） | 36 940 | 31 272 | 23 600 | 41 500 | 25 400 | 约30 000 |
| 满载航速（节） | 16.3 | 17.0 | 16.0 | 18.0 | 16.6 | 17.5 |

# 国外绞吸挖泥船经典船型

进入21世纪以来，一批高技术含量、创新一代自航绞吸挖泥船相继问世，国际四大疏浚公司船队中更是频频出现它们硕大的身影，而且这一发展趋势至今仍在继续。

下面大致以建造时间为序，让国外创新经典绞吸挖泥船型——呈现。

创新一代自航绞吸挖泥船最显著的特征就是规模扩大，主要表现在船型规模、设备规模和装船功率方面，且技术形态方面的进步尤为显著。

### 一鸣惊人：27 000千瓦超巨型自航绞吸挖泥船"杨德努"号

2003年，杨德努公司建造了27 240千瓦当时最大装船功率的超巨型自航绞吸挖泥船"杨德努"号，仅绞刀功率就达到6 000千瓦。

"杨德努"号超巨型自航绞吸挖泥船的横空出世，给国际疏浚界带来一个重大惊喜，同17年前的"达·芬奇"（Leonardo da Vinci）号相比较：首先是"杨德努"的规模强大，装船功率达27 240千瓦，较"达·芬奇"猛超35%，航速高出近15%，绞刀功率高出36%，泥泵系统总功率高出36%，船舶总规模大踏步超出"达·芬奇"37%；其次，各系统功能，包括定位桩系统的提升和卧倒、环境影响及电能系统等高新技术的开发应用，涵盖了新技术、新材料和自动化水平。

有鉴于此，疏浚界广泛认同：自"杨

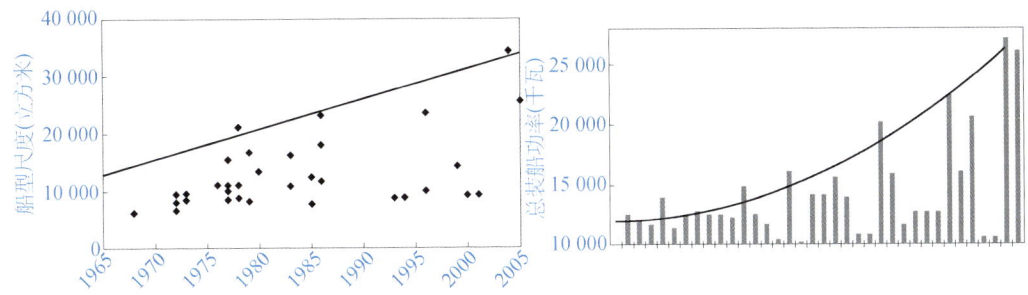

> 图242 近50年来国外绞吸挖泥船船型尺度和装船功率呈逐年增大的发展趋势

> 图243　21世纪首艘自航绞吸挖泥船"杨德努"号作业示意图（2003年）

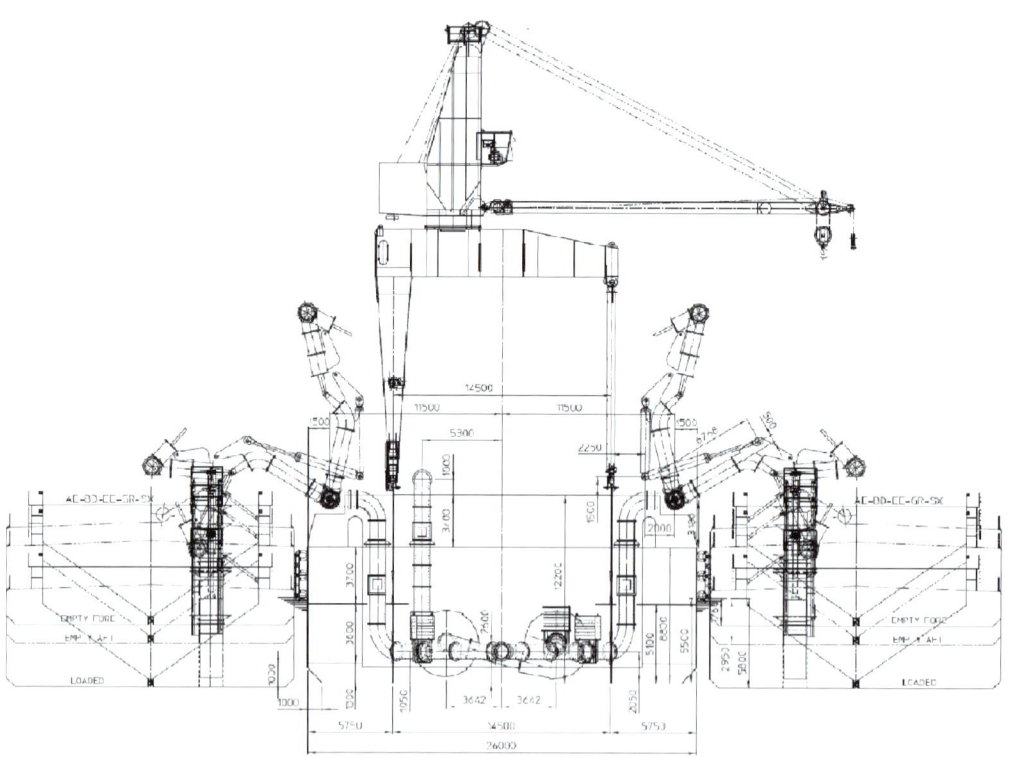

> 图244　大型绞吸挖泥船"杨德努"号向左、右两舷泥驳装驳作业示意图

第4章 名船博览——国外经典挖泥船

> 图245 "杨德努"号绞吸挖泥船与3 700立方米开体泥驳的匹配组合装驳作业

德努"号开始，21世纪以来所建造的自航绞吸挖泥船为"新一代（或创新一代）自航绞吸挖泥船"。

"杨德努"号超巨型自航绞吸挖泥船总长124.4米、型宽27.8米，吃水6.51米，航速12.5节，总装机功率27 150千瓦，其中绞刀功率6 000千瓦，泥泵总功率15 800千瓦，挖深范围35米；疏浚土可直接通过管径1米的浮管吹岸，也可以通过与之配套的4艘3 700立方米开体自航泥驳卸泥；动力设置采用柴油发电机组的先进驱动方式；定员60人。

"杨德努"号超巨型自航绞吸挖泥船之所以"一鸣惊人"，一个重要的原因是设计立足于成功船型基础之上，尤其是建立在早前"马可·波罗"号和"达·芬奇"号成功的基础之上。

## 创新技术柔性定位桩系统：28 200千瓦"D'Artagnan"号绞吸挖泥船

紧随"杨德努"号其后的新船接二连

> 图246 调遣中的德米集团超巨型自航绞吸挖泥船"D'Artagnan"号（2005年）

三，DEME集团一艘同等规模、功率更大的自航绞吸挖泥船"D'Artagnan"号于2005年问世。

该船总装船功率28 200千瓦，成为当时最强大的绞吸挖泥船。该船同样采用3台泥泵，且可以按不同的组合方式操作；在环境友好方面，其绞刀轴所有轴承完全采用水润滑。"D'Artagnan"号大通量泥泵的设计使其产量骤然提高35%，挖砂时的产量可达7 000~8 000立方米/时，即使挖掘岩石，产量也可达200~1 000立方米/时。

绞吸挖泥船海上作业时，船体和定位桩系统惯常会因其涌浪的影响而遭受损坏，在"D'Artagnan"号船上由于安装了一台全缓冲定位桩台车，使其具有可变的刚度：在波浪较小时具有较大刚度，而在恶劣波浪条件下又具有一定的挠性。该船的另一项突出成果表现在绞刀头的更换方面，只需4小时即可完成按传统方法需要1天时间的更换。

## 四胞胎兄弟：杨德努超巨型自航绞吸挖泥船

欧洲四大疏浚公司在绞吸挖泥船装备的竞争中，其激烈程度不亚于耙吸挖泥船。在2010—2011年，杨德努公司一举建成"Ibn Battuta""郑和"号（为纪念我国明朝航海家郑和而命名）等功率23 520千瓦的四胞胎自航绞吸挖泥船，该系列船由克罗地亚船厂建造。

该批次四兄弟绞吸挖泥船不仅使得绞刀功率达7 000千瓦，航速也提升到13节，这些新装备都是杨德努公司为迎接新一轮的市场竞争而投下的利器。

绞吸挖泥船最为核心的组成不外是泥泵和绞刀，由于疏浚土中不仅含有粒径较

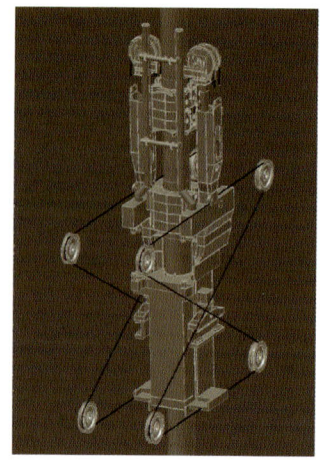

> 图247 创新技术柔性定位桩系统的应用大大提高了绞吸挖泥船涌浪下的作业效率

第4章 名船博览——国外经典挖泥船

> 图248 杨德努23 520千瓦超巨型自航绞吸挖泥船四胞胎老大"Ibn Battuta"号（2010年）

> 图249 杨德努23 520千瓦超巨型自航绞吸挖泥船四胞胎老二"郑和"号（2010年）

> 图250 杨德努四胞胎的船首均设计为两个可翻转的片体，以利作业和航行（2010年）

大的石块，还可能存在各种废弃物，因而泥泵必须具备足够大的通过能力，并相应减小叶片数目，这也是泥泵和水泵特性上的重要差别。对于挖掘岩石的专用泥泵来说，已开发出一种大通径的球形通道。

 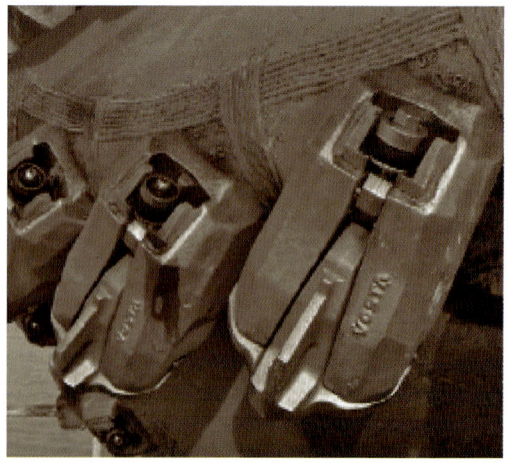

> 图251 VOSTA LMG公司第三代挖掘岩石的刀齿质量轻且更耐磨、更可靠

第4章 名船博览——国外经典挖泥船

 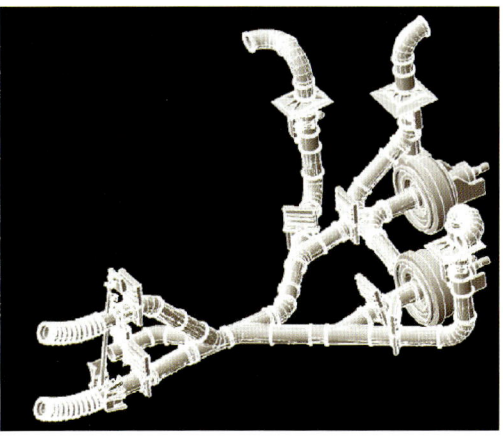

> 图252 杨德努公司23 520千瓦四胞胎自航绞吸挖泥船舱内泥泵（左图）及管路布置图

## 超巨型自航姐妹绞吸挖泥船："雅典娜"号及"Artemis"号

2011—2013年，范奥德公司也不失时机地建造了2艘24 702千瓦的超巨型自航姐妹绞吸挖泥船"雅典娜"及"Artemis"号，单绞刀功率更是达到7 100千瓦，航速高达12节，这也是该集团迄今为止拥有的最强大的自航绞吸挖泥船，和杨德努、德米新建的绞吸挖泥船遥相呼应，毫不逊色。

> 图253 范奥德公司24 700千瓦超巨型绞吸挖泥船"Artemis"号（2012年）

## 即将入列：更强大的"Willem van Rubroeck"号绞吸挖泥船

2015年伊始，杨德努继续谋划新篇，规划打造一艘装船功率超40 000千瓦、绞刀功率超8 000千瓦的巨无霸绞吸挖泥船，仅桥架一个组件的质量就高达2 000吨，而该船最大挖深还将一举达到45米，较以往最大挖深（36米）增大25%之多。

历经3年，2018年该船如期下水并入列。

"Willem van Rubroeck"号船长151.3米、型宽36米，吃水5.8米，挖深45米，航速12节，人员编制67人；3台泥泵（2台置舱内，1台置桥架），总功率25 500千瓦，绞刀功率8 500千瓦；2台伸缩式推进器，功率6 000千瓦；装船总功率40 975千瓦，和"J.F.J.de Nul"号相比，整整高出40%之多。

创新一代绞吸挖泥船的桥架上还设有上、下两个耳轴，使其在不同挖深下能够更好地发挥效用。

> 图254　40 975千瓦绞吸挖泥船巨无霸"Willem van Rubroeck"号下水瞬间（2008年）

第4章　名船博览——国外经典挖泥船

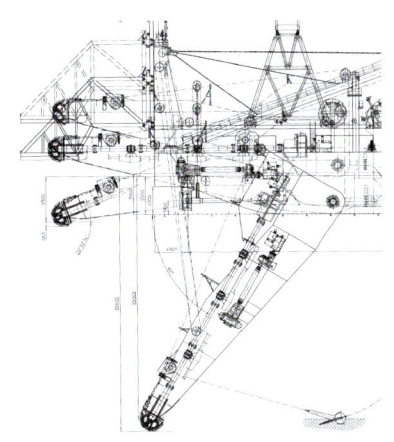

> 图255　创新一代绞吸挖泥船桥架上、下耳轴的设置及装运中的桥架构件

## 从幕后到台前：LNG动力绞吸挖泥船"Spartacus"号

德米集团根据自身绿色发展计划，一艘15 000立方米双燃料耙吸挖泥船"桑尼河"号已顺利下水，与此同时，又一艘功率更为强大的LNG动力绞吸挖泥船"Spartacus"号也从幕后走到了台前，其装船功率较杨德努公司的"Willem van Rubroeck"号还要高出8%。该船4台主柴油机能同时使用双燃料，2台辅机也具备双燃料特性，这就是说，2019年内德米集团将有两艘重量级双燃料船同时投入市场。

该巨无霸双燃料绞吸挖泥船总长164米、型宽34米，挖深45米，总装船功率44 180千瓦。

上面对6个型号共10艘超巨型自航绞吸挖泥船的创新技术形态做了简要介绍，高科技创新船型一浪高过一浪，让人目不暇接。这10艘超巨型绞吸挖泥船同上述6个型号的7艘超巨型耙吸挖泥船都是在跨入21世纪最初的10余年间一举建成的，令人感叹时代巨变，疏浚越来越贴近我们的生活。

> 图256　德米集团LNG动力44 180千瓦双燃料绞吸挖泥船"Spartacus"号呼之欲出（2009年）

> 图257 中国广州客户在IHC7025MP系列标准绞吸挖泥船专用模拟器现场参观学习

### 20世纪末世界最大自航绞吸挖泥船：20 250千瓦"达·芬奇"号

在2003年"杨德努"号诞生之前,"达·芬奇"号是截至20世纪末世界上最大的自航绞吸挖泥船,称雄绞吸挖泥船界17年。

"达·芬奇"号总长129.7米、型宽22.4米、型深8.8米,吃水5.2米,水下泵功率2 740千瓦,舱内泵功率2×4 485千瓦,绞刀功率4 400千瓦,推进功率2×2 740千瓦,航速11.3节,总装船功率20 260千瓦,挖深33.4米,吸排管径900毫米。建造商为IHC,1986年交付。

### 装机功率最大的非自航绞吸挖泥船：22 669千瓦"Mashhour"号

"Mashhour"号是迄今世界上装机功率最大的非自航绞吸挖泥船,船东为苏伊士运河管理局,1996年建造。

该船总长140.3米、型宽22.4米、型深7.2米,吃水4.95米,舱内泵功率2×5 485千瓦,水下泵功率2 400千瓦,绞刀功率3 000千瓦,总装船功率22 669千瓦,挖

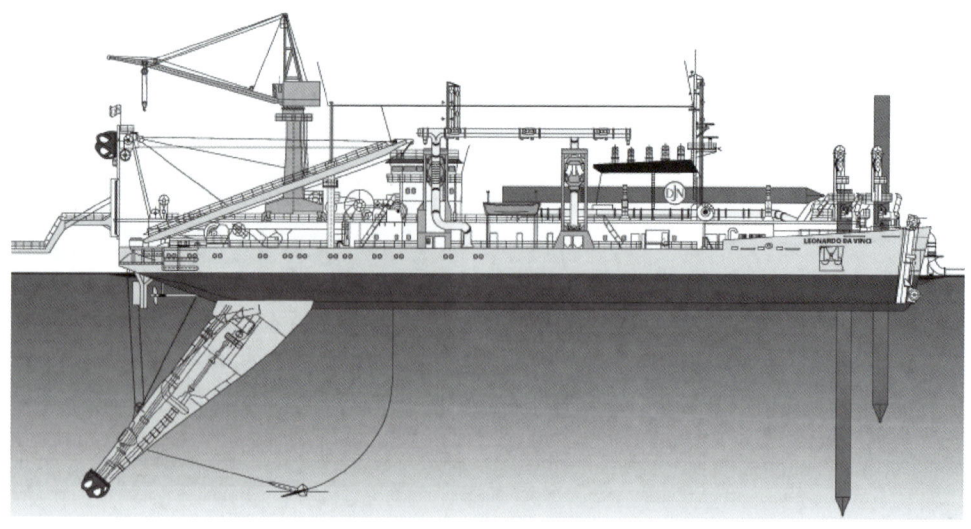

> 图258 自航绞吸挖泥船"达·芬奇"号模型图(1986年)

第4章 名船博览——国外经典挖泥船

> 图259 声名远播的"达·芬奇"号现场作业中（1986年）

> 图260 迄今世界最大装船功率的非自航绞吸挖泥船"Mashhour"号（1996年）

深35米，吸排管径1 000/900毫米，船员73人。

### 亚洲一流：19 215千瓦自航绞吸挖泥船"Cassiopeia V"号

该船由VOSTA LMG提供基本设计和详细设计，新加坡ASL Marine船厂建造。

该船总长123.2米、型宽23米，吃水5米，航速10.8节，吸/排管径1×900/850毫米，挖深32米，绞刀功率3 000千瓦，装船功率19 215千瓦，设3台泥泵，采用柔性定位桩台车系统以及柴油电力驱动系统，配以两台全方位舵桨，2013年交付，船东为日本五洋建设株式会社，其装备技术当属亚洲一流。

### 极具特色艏吊架：18 938千瓦巨型绞吸挖泥船"佛罗里达"号

"佛罗里达"号巨型绞吸挖泥船为当今美国最大疏浚公司——大湖疏浚及船坞公司（GLDD）拥有，也是该公司乃至全美国装船功率最大的绞吸挖泥船之一。

> 图261 巨型自航绞吸船"Cassiopeia V"号（2013年）

> 图262 18 938千瓦"佛罗里达"号

该船总长159.7米、浮体长57.9米、型宽18.3米，吃水4.3米，装船功率18 938千瓦，绞刀功率2 237千瓦，吸/排管径940/914毫米，挖深29米。这也是典型美国特色的绞吸挖泥船。

## 德韩合作：16 200千瓦亚洲时下最大绞吸挖泥船"韩进先锋"号

进入20世纪八九十年代，在世界各地纷纷投资建造大型自航绞吸挖泥船的同时，非自航船的大型化发展也在与时俱进。1983年，美国Ellicott公司就为韩国现代公司建造了一艘装船功率12 500千瓦的超级巨龙绞吸挖泥船。1996年，德国克虏伯公司和韩国韩进重工公司联合又建造了一艘时下亚洲最大的绞吸挖泥船"韩进先锋"（"HanJin YoungJong"）号，装船功率达16 200千瓦。

该船总长100米、垂线长81米、型宽20米，吃水3.6米，管径1×950毫米，挖深30米，总装船功率16 200千瓦。

> 图263 "韩进先锋"号（1996年）

## 双锚同步作业：11 728千瓦"Vlaanderen XIX"号绞吸挖泥船

"Vlaanderen XIX"号是德米集团1978年建造的一艘自航绞吸挖泥船，建造商为IHC，目前仍在服役中。

该船总长99.9米、船长74.9米、型宽18.5米、吃水4.8米，吸管直径900毫米，挖深30米，绞刀功率1 766千瓦，装船总功率11 728千瓦，这在20世纪70年代算是功率十分强大的绞吸挖泥船了。该船起重吊为行车式设置，吊锚作业的情景是不是颇为壮观？

> 图264 自航绞吸挖泥船"Vlaanderen XIX"号两个吊锚杆同步吊锚作业瞬间

表3 现有国内外主要自航绞吸挖泥船一览表（截至2018年）

| 序号 | 船名 | 船东 | 建造商 | 年代 | 主尺度(米) | 装船功率(千瓦) | 绞刀功率(千瓦) | 航速(节) |
|---|---|---|---|---|---|---|---|---|
| 1 | Aquarius | 印度DCI | Merwede | 1977 | 84.7×19×4.85 | 12 512 | 1 990 | 11.5 |
| 2 | CyrusII（Libra） | BOKA | Merwede | 1978 | 84.7×19×4.85 | 12 512 | 1 990 | 11.5 |
| 3 | Vlaanderen XIX | DEME | IHC Smit | 1978 | 74.9×18.5×4.8 | 11 728 | 1 766 | 7.0 |
| 4 | 马可·波罗 | JDN | IHC | 1979 | 96.2×19×4.86 | 14 772 | 2 940 | 10.6 |
| 5 | TaurusII（Taurus） | BOKA |  | 1983 | 90.3×19×4.9 | 15 600 | 3 680 | 11.0 |
| 6 | 达·芬奇 | JDN | IHC | 1986 | 11.3×22.4×5.13 | 20 230 | 4 400 | 11.5 |
| 7 | Ursa（Bilberg1） | BOKA | O&K | 1986 | 104×20×4.9 | 15 870 | 3 960 | 12.0 |
| 8 | Nordland | BOKA | Krupp | 1990 | 55.1×11.4×2.6 | 6 454 | 400 | 4.0 |

（续表）

| 序号 | 船名 | 船东 | 建造商 | 年代 | 主尺度(米) | 装船功率（千瓦） | 绞刀功率（千瓦） | 航速（节） |
|---|---|---|---|---|---|---|---|---|
| 9 | Batang Anai（现名Batang Hari30） | 印尼PT Pengerukan | Krupp | 1994 | 75×18.5×5 | 12 533 | 1 800 | 12.0 |
| 10 | J.F.J.de Nul | JDN | IHC | 2003 | 123.5×27.8×6.5 | 27 190 | 6 000 | 11.5 |
| 11 | D'Artagnan | DEME | IHC | 2005 | 104.4×25.2×5.5 | 28 200 | 6 000 | 12.5 |
| 12 | Ambiorix | DEME | IHC | 2013 | 105.9×25.2×6.2 | 26 100 | 6 000 | 12.5 |
| 13 | Athena | Van Oord | IHC | 2011 | 135.8×27.8×6.5 | 24 702 | 7 100 | 12 |
| 14 | Artemis | Van Oord | IHC | 2013 | 135.8×27.8×6.5 | 24 702 | 7 100 | 12 |
| 15 | Ibn Battuta | JDN | 拉普船厂 | 2010 | 110.5×26×5.5 | 23 520 | 7 000 | 13 |
| 16 | Zheng He | JDN | 同上 | 2010 | 110.5×26×5.5 | 23 520 | 7 000 | 13 |
| 17 | Fernao de Magelbaes | JDN | 同上 | 2010 | 110.5×26×5.5 | 23 520 | 7 000 | 13 |
| 18 | Nicollo Machinavelli | JDN | 同上 | 2011 | 110.5×26×5.5 | 23 520 | 7 000 | 13 |
| 19 | Al Jarraf | DEME | LMG/ASL | 2010 | 83.6×21×4.3 | 12 610 | 2 500 | 9.0 |
| 20 | Amazone | DEME | LMG/ASL | 2012 | 83.6×21×4.3 | 12 610 | 2 500 | 9.0 |
| 21 | 天鲸 | 中国天津航道局 | 上海交大深圳招商 | 2009 | 97.22×23×5.48 | 19 360 | 4 200 | 12 |
| 22 | Cassiopeia V | 五洋建设，日 | ASL Marine | 2014 | 123.2×23×5.0 | 19 215 | 3 000 | 10.8 |
| 23 | Al Bah ar c/d Huta 12 | Huta | IHC | 2014 | 122.5×21.7×5 | 23 545 | 3 500 | 9.0 |
| 24 | Willem van Rubroeck | JDN | Uljanik | 2018 | 151.3×36×5.8 | 40 975 | 8 500 | 12 |
| 25 | 天鲲 | 中国天航 | 振华重工 | 2018 | 140×27.8×6.5 | 25 680 | 7 500 | 12 |

注：① 德米集团一艘44 180千瓦的LNG动力绞吸挖泥船已由IHC建造中，预计2019年交付使用。
② 较小自航绞吸挖泥船难免有所遗漏。
③ 序号10以下为进入21世纪以来新建造自航绞吸挖泥船。

# 第5章
## 迎头赶上
### ——中国挖泥船快速发展

# 新中国挖泥船制造业的成长历程

新中国成立70年以来，我国挖泥船的发展，经历了从小到大、由弱到强，再到跨入世界先进行列的过程。其成长历程大致可划分为测绘仿造、独立设计、快速发展、做大做强四个阶段。

## 起步：测绘仿造

与世界挖泥船制造业的历史相比，我国挖泥船建造业起步足足晚了100余年。新中国成立初期，旧中国残留下来的疏浚装备寥若晨星。在当时历史条件下，百废待兴，国家造船业的基础十分脆弱，挖泥船制造业的创建更是举步维艰，大多只能对以前进口的若干小型绞吸、链斗挖泥船进行"测绘仿造"。

20世纪60年代初期，在物质条件十分匮乏的情况下，国内第一个特种挖泥机具试验室建成投入使用。该试验室规模虽小，装备配置却令人刮目相看，配有一个小型试验水池，在其后将近30年的运作中，该试验室先后研发成功40余型各种规格的泥泵、泥斗、绞刀、抓斗、吸盘头及耙头等挖泥机具，有力地支持了各地疏浚用户，为配合新船型、新机具的开发做出了卓有成效的贡献。

> 图265　4 500立方米耙吸挖泥船"险峰"号纪念邮票

这一时期通过艰苦努力，取得多项成果，满足了军地建设的迫切需要：一大批60～120立方米/时绞吸、链斗及抓斗挖泥船等被设计建造了出来；挖泥船的驱动方式也普遍由蒸汽机驱动更新为柴油机（电）驱动。尽管这期间的产品总体说来技术较粗糙，品种也较单一，一定程度上留有"仿制"的印记，但其中仍不乏优质的产品。1970年先后成功研制当时国内领先、接近国际水平的4 500立方米耙吸挖泥船"劲松"号及同型船"险峰"号，有力地支持了长江口航道的建设。该型船为国内首创，获全国科学大会奖。中国人民邮政总局还为"险峰"号特别制作了一枚纪念邮票。最重要的是我们跨过了由"仿造"到

"国造"的艰难且重要一步，从设计、配套直到建造均不必再仰仗国外。

###  钻研：自主研制

20世纪70—80年代，国内一批专业化的工程船设计队伍在实践中学习，在仿制中积累经验；而且工程船建造厂及设备配套厂也初具规模，开发出一大批国内急需、具有较高技术水准的船型，诸如供黄河清淤用的80立方米/时全液压绞吸挖泥船，200立方米/时液压拼装绞吸挖泥船，1 470千瓦沿海绞吸挖泥船，260定位桩台车斗轮挖泥船，供海防建设用的洞库船（被指定为全国"统筹船型"批量制造），300立方米石驳，供葛洲坝水利工程施工用的250立方米/时链斗采石船（批量7艘，荣获国防工业科技成果奖），供海军使用的500立方米/时自航链斗挖泥船和4立方米抓斗挖泥船等。这期间所建造的挖泥船无论在数量、品种以及技术含量上都有了明显的进步，部分产品还显露出国产挖泥船的特色。

当时，液压技术、劲马泵技术、斗轮装备技术以及定位桩台车等都还属于世界先进技术。为了攻克这些前沿技术，我国还多次组织力量攻关，使得一批批军地建设急需的挖泥船产品得以研制成功。

### 腾飞：快速发展

从20世纪90年代初到21世纪伊始的10余年间，我国挖泥船制造业伴随着造船业的发展，步入一个以高新技术为目标的快速发展阶段，国产疏浚装备在设计技术、建造水平、整体技术形态、品种型号等方面都取得了令国内外瞩目的进步。

随着改革开放力度逐步加大，科研院所、船企以及用户加强对外技术交流，吸取国外先进技术和经验，加快了产品研制进度和设备国产化的进程。高技术含量创新产品相继问世，填补了多项国内空白：国内首创1 250立方米/时吸盘挖泥船，500立方米双抓斗自航挖泥船，具有水下显示仪的4立方米反铲挖泥船，多功能8立方米抓斗挖泥船，可液压升降斗塔的150立方米/时链斗挖泥船，当时国内单产量最大的1 750立方米/时绞吸挖泥船，首次出口泰国的800立方米开体耙吸挖泥船，1 600千瓦斗轮挖泥船等。这批新研制产品不但"体型"明显增大，技术含量也显著

> 图266　500立方米/时蒸汽机链斗挖泥船（1965年）

> 图267 科研设计人员考察"荷兰王子"号

> 图268 长江航道局批量建造的更新换代产品2 000立方米耙吸挖泥船（1996年）

> 图269 1 750立方米/时大排距绞吸挖泥船

第5章 迎头赶上——中国挖泥船快速发展

提高。部分产品还填补了国内空白,技术性能接近国外水平。

尤其是在交通部2 000立方米耙吸挖泥船的更新设计中,通过引进泥舱装卸系统新技术,使传统泥舱泥门设计得以简化,不仅提高了耙吸挖泥船的装卸效率,也节省了建造成本,成功开发了我国首艘螺旋切刀挖泥船(小型"泥猫")。改革开放让我们结束了长期闭锁的局面,在加速研制水平提升的同时,还使科研队伍的技术素质得到进一步提升。

 **百舸争流:做大做强**

进入21世纪以来,随着我国国民经济的发展,促进了沿海港口基础设施建设,如临港工业区以及大型枢纽港深水航道建设工程、长江口深水航道治理、上海洋山深水港建设工程、河北曹妃甸一期工程、天津滨海开发区建设以及北部湾港口建设

> 图270 出口泰国的800立方米开体耙吸挖泥船(1998年)

> 图271 小型螺旋切刀挖泥船

> 图272  13 500立方米大型耙吸挖泥船"新海虎"号隆重下水（2007年）

> 图273  江苏民营企业首建当时国内最大装船功率的22 209千瓦绞吸船"华航浚"号（2012年）

和航道拓宽工程等，犹如雨后春笋。截至2014年，仅上述工程的建设和维护每年将投资100亿元之巨。

在相关部门的统筹和用户鼎立配合下，我国在较短期限内攻克了一个又一个技术难关，使具有自主知识产权的国产大型耙吸和绞吸挖泥船相继研制成功，尤其最近几年间，国产大型疏浚装备成批量建造成功。据不完全统计，2005—2015年10年间，我国自主建造的大型以上耙吸挖泥船就有26艘之多，不仅较好地满足了国内市场的需要，部分产品还行销海外。我国历年建造出口的各类挖泥船有50艘之多，参见表4。

表4  2005—2015年国内自主建造的大型以上耙吸挖泥船一览表

| 序号 | 船名 | 舱容（立方米） | 交船时间 |
|---|---|---|---|
| 1 | 长鲸1 | 8 100 | 2005年 |
| 2 | 新海虎 | 13 500 | 2007年 |
| 3 | 长鲸2 | 10 000 | 2008年 |

(续表)

| 序　号 | 船　　名 | 舱容（立方米） | 交船时间 |
|---|---|---|---|
| 4 | 通　旭 | 13 000 | 2008年 |
| 5 | 新海凤 | 16 888 | 2008年 |
| 6 | 浚海1 | 9 000 | 2009年 |
| 7 | 浚海2 | 9 000 | 2009年 |
| 8 | 新海牛 | 10 000 | 2009年 |
| 9 | 新海马 | 10 000 | 2010年 |
| 10 | 夏之远 | 13 000 | 2010年 |
| 11 | 长鲸6 | 13 280 | 2010年 |
| 12 | 通　程 | 18 000 | 2010年 |
| 13 | 中昌浚16 | 13 000 | 2010年 |
| 14 | 通　途 | 20 000 | 2011年 |
| 15 | 新海虎4 | 11 888 | 2011年 |
| 16 | 新海虎5 | 11 888 | 2011年 |
| 17 | 神华浚2 | 11 888 | 2011年 |
| 18 | 浚海5 | 10 288 | 2012年 |
| 19 | 新海虎9 | 10 000 | 2012年 |
| 20 | 新海虎8 | 10 000 | 2012年 |
| 21 | 浚海6 | 10 288 | 2012年 |
| 22 | 通　恒 | 11 000 | 2012年 |
| 23 | 通　远 | 11 000 | 2012年 |
| 24 | 星航浚2 | 8 000 | 2012年 |
| 25 | 航浚6 | 12 000 | 2013年 |
| 26 | 中昌浚27 | 17 000 | 2015年 |

注：此表所列未包括当时在建、进口及改装的大型耙吸挖泥船。

# 中国疏浚业挖泥船的强大实力

中国挖泥船从小型、中型、大型发展到巨型,施工水域也由内河、沿海扩展到近海、远海,成为国际上全面掌握挖泥船设计和建造核心技术的主要力量,这是我国疏浚界科研设计、建造团队及众多疏浚公司共同奋斗的结果。

 **科技团队:技术引领、传承开拓**

中国挖泥船的科技团队中既有专家,也有普通科技人员,他们多年来在我国挖泥船领域勤耕细作,研究出用于工程建设的诸多产品,为我国及世界各地的基础建设疏浚工程做出了贡献。这些成绩的取得当然离不开几代挖泥船设计建造者的功劳。从老一辈到年轻一代,他们顽强刻苦、坚韧不拔,为发展我国疏浚事业做出了贡献。

20世纪末我国经济持续高速发展,大型港口建设和航道扩深疏浚对挖泥船的需求极为迫切,而国内疏浚行业原有的挖泥船多已老旧,为适应需求,亟待更新换代、添置新的疏浚装备,特别是被认为航道疏浚主力装备的大型耙吸挖泥船。

每一型船的设计都离不开广大科研设计与建造人员的精诚合作。如"通途"号大型耙吸挖泥船,设计团队通过技术攻关、优化线型、增加舱容分析、减少装机功率的途径,在船型设计上应用了球鼻艏、艉附体等改善流线、降低阻力,动力系统上采用复合驱动设置,使航行比功率创国内新低,多项技术指标达到或接近了国际先进水平。

在设计中,结构强度是挖泥船的关键技术之一,它决定了挖泥船载重承受能力,因而解决大开口泥舱结构强度尤为重要。为解决这一问题,团队设计人员认真研发,最终使该型船大开口泥舱结构设计取得成功。

设计团队还从提高挖泥船的总体效率和环保出发,优化设计了以符合驱动为特

> 图274 船舶设计大师费龙

征的动力系统配置，使该船单位泥舱容积的装机功率约为1.06，达到国际先进水平。

在设计团队和科技人员中，船舶设计大师、中国船舶工业集团公司第七〇八研究所副总工程师、"上海市五一劳动奖章"获得者费龙是其中一位。费龙长期从事海洋工程船舶设计研究，参加了近百项海洋工程项目设计工作，多次担任技术复杂的大型挖泥船项目设计主管、总设计师和课题负责人，在海洋工程船舶开发设计领域积累了丰富经验，并将之融会贯通地运用到新产品开发和设计中。大型挖泥船属于高技术、高难度、高附加值船舶，长期被欧洲少数国家垄断，我国大型挖泥船主要依赖进口，要想获得相关技术，需支付高昂的费用。近年来，费龙作为学科带头人，带领设计团队，攻克技术难关，在挖泥船设计领域创造了国内多个第一，从世界首例大型货船改装为耙吸挖泥船开始，先后成功主持参与我国第一艘具有世界先进水平的13 500立方米大型耙吸挖泥船"新海虎"号开发。2010年费龙在主持"通途"号开发的同时，还主持新一代大型耙吸挖泥船"通恒"号、"通远"号的开发。两船均采用全新的长球艏、双艉鳍、大方型系数（0.88）浅吃水肥大船型，船型更经济、更适合浅水作业。船舶的特点是：在国内耙吸挖泥船上首次安装了装驳装置，使船舶的施工更加灵活、便捷；主机通过三速齿轮箱驱动泥泵，大大增强了船舶不同作业工况的适应能力。"通恒"号和"通远"号虽说是姊妹船，但是为适应不同工况而研制开发。"通恒"号主要适合长吹距，可吹到4 000米；"通远"号适合细粉砂挖掘。两艘船在"南""北"两个船厂建造，两家均与自航耙吸挖泥船"第一次亲密接触"，费龙团队上门服务，对厂家提出的问题一一解答，耐心解释，"南""北"两个船厂每2~3个月就做一次设计图纸会审交流，费龙每次必到。费龙带领设计团队开发了我国第一艘超大型耙吸挖泥船"通程"号以及"新海凤"号、"新海牛"号、"新海马"号、"通旭"号、"通途"号、"通恒"号、"通远"号、"长鲸6"号、"浚海"号等10 000~20 000立方米共20艘大型挖泥船。作为工信部30 000立方米级耙吸挖泥船自主研发课题负责人，带领设计团队完成了各椎体研究工作，完成了目标船38 000立方米超大型耙吸挖泥船的基本设计。

费龙还担任大型绞吸挖泥船"云浚二"号、"新海鳄"号、"新海鲲"号、"新海鲛"号、"新海豚"号、"长狮一"号和"唐绞2008"号等项目设计主管，组织船型

> 图275 费龙大师工作室团队

> 图276　于再红（左四）和设计团队

论证、总体方案等关键技术研究。亚洲最大的20 000立方米/时"天鲲"号大型绞吸式挖泥船的成功研制，标志我国挖泥船迈向了世界先进行列，令世界瞩目。

在研发设计团队中，有一大批青年科技人员，他们具有一颗匠心和敬畏之心！他们明白：设计不过一年半载，但船是要用几十年的。他们认真研发设计每条挖泥船，他们在实践中学习，在干中攻克难关中经受锻炼，逐步成长为中国疏浚行业的中坚力量，展现出青年才俊应有的风采。

## 疏浚公司：实力强大、快速发展

我国目前是世界第一造船大国、第一港口大国、第一航运大国，在挖泥船制造业方面我们也已经是第一生产大国了。按最近10年来大型挖泥船的宏观统计数据看，我国的拥有量已接近世界总量的30%，是世界上能够建造具有自主知识产权、高技术、高附加值大型耙吸挖泥船的少数几个国家之一。这些成绩的取得也与我国实力强大、快速发展的疏浚公司分不开。

我国主要的疏浚公司主要有中交天津航道局有限公司、中交上海航道局有限公司、中交广州航道局有限公司、长江航道局。

中交天津航道局有限公司（简称"天航局"）是中国第一家专业疏浚机构，由

1897年成立的海河工程局发展而来,有着近120年的施工经验。

中交上海航道局有限公司同样是具有百年历史的疏浚企业,其前身为1905年创建的浚浦工程总局。

中交广州航道局有限公司于2006年10月正式创立,由拥有52年历史的广州航道局整体改制而成。

长江航道局是长江航道的管理机构,在长江沿线七省二市设有南京、武汉、宜昌、重庆、泸州、宜宾等6个区域航道局。

如今,中国年疏浚量超10亿立方米,是少数几个掌握疏浚前沿技术、能够自主开展大规模吹填造陆和航道疏浚工程的国家之一,装备规模、资金优势、产能收入等更使其成为世界第一疏浚大国。

2015年5月,中国交建集团通过对其下属天津航道局、上海航道局和广州航道局进行业务整合,成立了中交疏浚(集团)股份有限公司。如今,中交疏浚拥有各类船舶194艘。其中,耙吸挖泥船37艘,总舱容量33万立方米;绞吸挖泥船60艘,总装机功率57万千瓦;斗式挖泥船10艘,成为全球最大的疏浚集团公司。自改革开放以来,交通部长江口航道局、湖南百舸疏浚股份有限公司、中国水电建设集团港航建设有限公司等也不断发展壮大,成为祖国建设的一支不容忽视的力量。

鉴于中国疏浚业短短几年间的快速发展以及对世界疏浚所做出的贡献,第19届世界疏浚大会于2010年9月由东部疏浚协会主办,中国疏浚协会承办。这一决定可谓众望所归,也是我国疏浚界的一桩盛事!

迈向生态建设新征程,开启绿色疏浚新时代。疏浚,与自然和谐;文明,与绿色相伴!这是中国疏浚新时期以来又一个重要里程碑,也预示着中国疏浚将在推动水生态文明建设过程中完成新蜕变,实现新腾飞,为自然和谐美丽世界做出更大贡献!

> 图277 成立伊始的天津海河工程局(1897年)

> 图278 巨型绞吸挖泥船"华泰龙"号

> 图279 巨型绞吸挖泥船"华安龙"号

> 图280 13 280立方米大型耙吸挖泥船"长鲸6"号

> 图281 1 750立方米/时绞吸挖泥船（1998年）

> 图282 第19届世界疏浚大会2010年于北京隆重召开（主席台）

> 图283　中国第一届国际疏浚技术发展会议和展览会在上海国际会议中心召开（2003年）

> 图284　中国首届"与自然和谐"国际水环境生态建设技术发展会议

### 世界疏浚协会联合会和中国疏浚协会

　　世界疏浚协会联合会（WODA）创建于1967年，属非官方、非营利的国际性行业组织。联合会下设东部、中部和西部三个疏浚协会，首届疏浚大会于1967年在美国纽约召开。中国疏浚协会（China Dredging Association）成立于2001年11月23日，2002年8月6日加入世界疏浚协会联合会，成为东部疏浚协会一员。

*疏浚业"骏马"*

# 中国著名耙吸挖泥船

大型耙吸挖泥船历来在国内外疏浚界被视为高技术、高附加值的"双高船舶"、疏浚工程中的"骏马"。进入21世纪,我国设计团队抓住契机,主动作为,凭着长期积累经验,依托国家、地方科研项目和疏浚企业的支持,自主创新,进行了大型挖泥船的研发,取得了一个又一个突破!开发了"海虎系列""通系列""长鲸系列""浚海系列"等大型耙吸挖泥船和"天鲲"号、"新海豚"号、"长狮"号等大型绞吸挖泥船。

## 神州第一挖:13 500立方米"新海虎"号耙吸挖泥船

"新海虎"号船于2007年5月由广州文冲造船厂完工并交付中交上海航道局,造价6.5亿元人民币。

> 图285 自主研发的13 500立方米耙吸挖泥船"新海虎"号满载试航中

第5章 迎头赶上——中国挖泥船快速发展

> 图286 耙头吊放作业有序进行中

该船总长150.7米、型宽27米、型深11米，航速16.2节，最大挖深42米。在平均吃水9.5米、使用双耙挖泥时，对水顺流航速约为7节，即船对地作业航速约3节，逆流航速为4节。它装备自动化疏浚控制系统，设备国产化程度较高。

"新海虎"号诞生被赋予了"国货大件神州第一挖"的光环！该船在施工效率、适应性和自动化程度等方面明显高于以往建造的同类型船舶。它的"横空出世"为我国今后自主建设高效大型耙吸挖泥船队奠定了基础。

该船首次采用先进的"一拖三"复合驱动方式，功率利用更充分、运行经济性更突出、技术优越性更明显；开发的国内首套集航行监控、疏浚监控和报警监测于

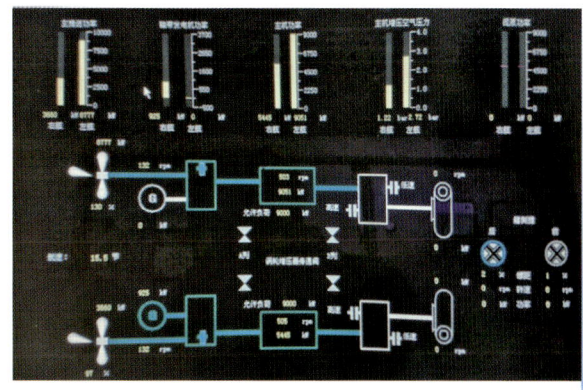

> 图287 先进的"一拖三"复合驱动功率管理系统电脑显示屏

一体的综合信息监控平台,能自动采集、分析、处理数据的集成控制系统等装置,达到了世界先进水平。

试航试挖结果表明,该船挖泥航速、装舱抽舱时间、泥泵效率等各项性能指标均达到和超过设计要求,可满足沿海各大港口、航道、围海造地等不同土质、工况条件下施工作业的需要,填补了我国大型耙吸挖泥船的空白。

为满足长距离吹喷泥的需要,"新海虎"号安装了一套国内研制的当时通径最大的艏吹装置,通过驾驶室对排岸及喷排闸阀的遥控操纵,实现航吹/艏喷切换功能,进行艏喷作业,艏喷最大喷距170米,超过该船自身长度。

"新海虎"号的成功建造,改写了我国只能建造10 000立方米以下耙吸挖泥船的历史,标志着我国向自主创新、打造世界一流疏浚船队的目标迈出了关键一步,开创了在中国境内建造特大型耙吸挖泥船的先例,促进了我国特种工程船舶制造业的发展。"新海虎"号正式交付使用后,即参加了国家重点工程湛江港30万吨航道疏浚工程施工,发挥了重要作用,获得显著的经济和社会效益。它的诞生打破了少数发达国家对大型耙吸挖泥船设计、建造的垄断,提升了我国疏浚制造业在世界上的地位。

> 图288 "新海虎"号宽敞明亮的驾控台

第5章 迎头赶上——中国挖泥船快速发展

> 图289 "新海虎"号耙吸挖泥船的吹泥作业：不一样的彩虹

> 图290 艏吹管  > 图291 自行开发的大管径艏吹装置

> 图292 "新海虎"号优雅的球艏设置  > 图293 泥舱溢流装置突显成效

## 令人瞩目：16 888立方米"新海凤"号耙吸挖泥船

2008年11月28日，"新海凤"号耙吸挖泥船交付使用。该船总长160.2米、垂线间长151.4米、型宽27米、型深11.8米，设计吃水8米，挖泥吃水10.2米，载重量252 000吨，服务航速16.7节，最大挖深35/45米，泥舱舱容16 888立方米。

该船采用综合集成平台控制系统、驾驶室单人遥控推进系统、单人遥控挖泥系

> 图294 "新海凤"号耙吸挖泥船

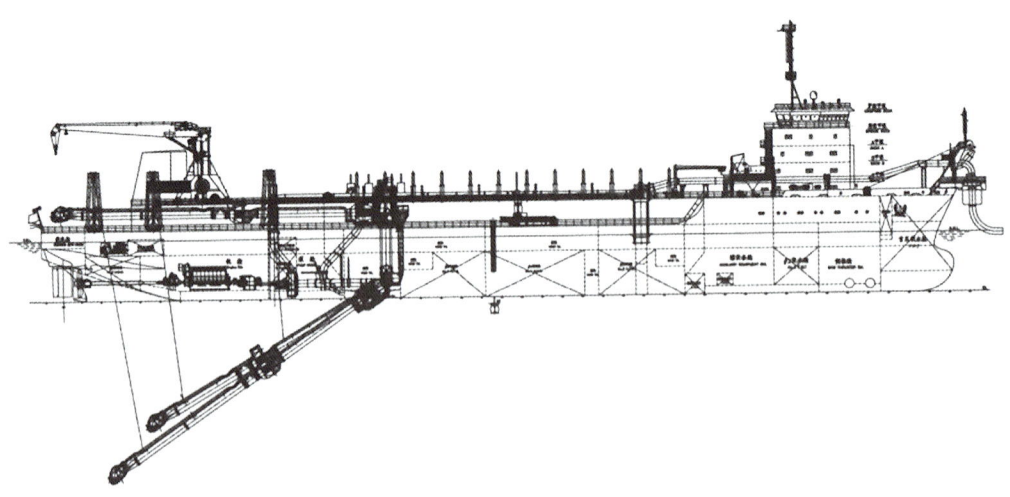

> 图295 "新海凤"号总布置侧面图

统；具有耙吸装舱、吹岸、艏喷以及低浓度自动排放功能，为双导管架、双机复合驱动、双耙、单甲板、艏楼、流线型、折角艏部船体、带球鼻艏的自航耙吸挖泥船。

该船主要用于沿海疏浚和吹填作业，可无限航区进行调遣。距"新海龙"号交船不到一年半时间，泥舱容积高出25%的"新海凤"号问世，令人瞩目。

> 图296 耙吸挖泥船普遍增设的与排岸浮管对接的首部接头装置

> 图297 操控台

💧 **国内首创货改耙：12 000立方米自航耙吸挖泥船"新海象"号**

将货船改装成自航式耙吸挖泥船不仅在国内是首创，就是在世界造船业中也很少见。"新海象"号是由一艘26 000吨外籍货船"爱博"号改装而成，仅用10个月时间，于2002年3月正式投入长江口深水航道维护疏浚工程使用。"新海象"号

> 图298 12 000立方米自航耙吸挖泥船"新海象"号

船的成功改造标志着当时我国最大的耙吸挖泥船诞生,同时宣告:世界上首例大型"货改耙"船在中国获得成功!

它不仅弥补了我国长江口深水航道疏浚力量的不足,更立足于实际,为振兴我国疏浚产业创造性地走出了一条设备更新与改造并举的发展新路,为我国在世界疏浚史上写下了光辉的篇章。

"新海象"号于2004年荣获中国船舶工业集团公司科技进步二等奖、中国港湾集团公司科技进步特等奖。其"货物运输船改装耙吸挖泥船的方法"还荣获第四届上海市发明创造专利一等奖。"货改耙"的研制成功为独立自主研制我国大型、高性能耙吸挖泥船夯实了技术基础。

## 迈向巨型耙吸挖泥船行列:"通旭"号、"通程"号、"通远"号、"通途"号

在"新海虎"号、"通旭"号、"新海凤"号等多艘大型耙吸挖泥船相继建成投

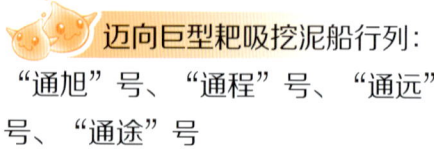

> 图299 "新海象"号耙吸挖泥船获奖证书

第5章 迎头赶上——中国挖泥船快速发展

> 图300 具有自主知识产权的13 000立方米大型耙吸挖泥船"通旭"号

产后，我国又研制了最新一代自航耙吸挖泥船，包括舱容18 000立方米"通程"号、20 000立方米"通途"号等，标志着我国再接再厉进入建造20 000立方米级巨型耙吸挖泥船行列。

"通旭"号耙吸挖泥船2008年5月完工交付。该船总长155米、型宽27米、型深10.5米，吃水7.5米，最大挖深45米，泥舱容积13 000立方米；双柴油机"一拖三"复合驱动主机，推进柴油机总功率17 400千瓦，航速15.5节；驾驶台、机舱集成自动化程度高，监视功能全面；泥泵采用双壳结构，更安全可靠耐用；疏浚系统为双耙装舱，艏吹或泥门装卸作业。

"通程"号自航耙吸挖泥船，总长162.3米，型宽28.5米，型深15米，舱容为18 000立方米，载泥量约26 100吨，疏浚吃水11米，总载重量27 150吨，挖深85米，航速15节，挖排泥管直径1 200毫米，总装机功率19 650千瓦。该船是我国自行设计和建造的第一艘巨型耙吸挖泥船，也是一艘能耗低的绿色环保型耙吸挖泥船。该船配备有国内挖泥船首次安装的方形泥门，具有卸泥快、效率高的特点，并首次采用了挖深达85米的大功率水下泵，创下了亚洲之最。"通程"号首次使用6 600伏中压电动泥泵进行挖泥，在进行挖泥吹

> 图301　2010年投产的天津航道局18 000立方米巨型耙吸挖泥船"通程"号

岸实验时，中压系统安全稳定，未发生过异常跳动，高效顺利地完成了各项疏浚实验。

"通途"号耙吸式挖泥船是"通程"号船的姐妹船，也是我国第一艘20 000立方米耙吸挖泥船，为亚洲仅有的几艘最大、最先进的耙吸挖泥船之一，具有无限航区适航能力，可在世界各地承担港口与航道疏浚、填海造地、深海取沙及海岸维护等工程，多项技术达到国际先进水平。它首次采用全通甲板形式，不仅有效地提高了载重量，增强了结构强度，还达到了避免甲板上浪的目的。该船最大挖深达90米，是目前亚洲设计建造的最大挖深的耙吸挖泥船之一。该船总长160.3米，舱容约20 000立方米，载泥量约29 830吨，船舶的总装机功率为22 150千瓦，设计航速15节，推进主机为2×8 700千瓦的柴油机。该船是采用主机"一拖二"形式且大型设备均采用变频电力拖动的现代耙吸挖泥船，能在各种工况下充分利用动力系统提供的功率，油耗低，环保性能好。实际泥舱舱容高达20 467立方米，功能齐全，技术水平先进。该船的多项设计指标领先国内大型耙吸挖泥船，部分指标达到或接近国际先进水平。诸如，在功率因数[即单方土所耗功率（千瓦/立方米）]这个国外

第5章 迎头赶上——中国挖泥船快速发展

> 图302 "通途"号挖泥船在天津港30万吨级航道工程中进行吹泥施工作业

业界相当看重的能耗指标上,该船创下国内最佳值1.06,接近国际先进水平;而泥舱容积系数也达到了0.31,居国内领先水平。

"通远"号耙吸挖泥船是新时代的"中国制造",同样也具有"逆天"能力!

"通远"号肥大宽平的船体上装满吊车和管道,船体后部两侧还各拖着一根粗大的黑色"手臂"。登上"通远"号,立刻感觉到"干净"。这艘挖泥船就像四星级宾馆一样,甲板和扶手一尘不染,工具箱里的工具也摆放得整整齐齐。

"通远"号耙吸挖泥船总长131.2米,

> 图303 "通途"号耙臂

挖泥船

> 图304 "通途"号耙头在吊放作业中

> 图305 "通远"号

第5章 迎头赶上——中国挖泥船快速发展

> 图306 "通远"号扶梯

船体两舷45米长的黑色"手臂"就是主要工作利器。这种挖泥船的主要任务是清除航道海底的淤泥、粉砂等。工作时,"手臂"一头连通船体中部容积达11 000立方米的巨大泥舱,另一头沉入海底,利用末端安装的特制耙头挖起海底泥沙,连水带泥一并吸入"手臂"中一米粗的管道,将其送入泥舱中。就这样,"通远"号一边航行,一边吸泥,待泥舱装满后,航行到预定海域,打开船底泥门或其他方式进行抛泥。

工作中的"通远"号缓缓而行,只有泥舱中泥浆隆隆翻滚的声音在提醒着大家,"神器"此时此刻正在"翻江倒海"。

> 图307 "通远"号上各式工具摆放整齐

> 图308 "通远"号耙吸挖泥船在吹泥

### 国内第一艘全电力驱动:"长鲸7"号大型耙吸挖泥船

国内第一艘全电力驱动的耙吸挖泥船"长鲸7"号于2018年5月8日顺利出坞。该船长120.3米、型宽24.8米、型深9.6米,挖泥吃水8.3米,泥舱名义舱容6 000立方米,最大舱容9 000立方米,最大载泥量约11 600吨。这是目前国内最新设计技术的耙吸挖泥船,也是迄今世界上仅有的几艘全电动耙吸挖泥船中舱容最大的一艘,具有创新的设计理念,日前已交付使用。

该船能挖掘淤泥、黏土、中细砂、粗砂和卵石等各种土质。它不仅能挖泥,还能把挖泥舱内的泥沙经由耙管回填至海底沟槽中!这在海上能源建设、海底管线埋设等工程中将大有作为!除此之外,它还很智能,其配备的航行控制台和疏浚操控台就像电视机的遥控器一样,可对船上包括耙管、泥泵、闸阀等设备进行指挥遥控。

针对"长鲸7"号服务水域特殊的工况条件,从船型方案、动力系统优化、疏浚系统优化、防振减噪及主要设备配置等多方面开展充分论证,设计上采用球鼻艏、双艉鳍线型、双导管调距桨、双耙、双水下泵及舱内泵、全电力推进系统,具有系统复杂、技术难度高、针对性强等

> 图309 "长鲸7"号全电力驱动耙吸挖泥船

> 图310 耙臂放入水中行进挖泥的"长鲸7"号

> 图311 "长鲸7"号吹泥的优美剪影

特点。

"长鲸7"号是国内首次开发设计和建造的全电力驱动耙吸挖泥船,它的设计建造标志着我国大中型耙吸挖泥船朝高效节能方向迈进了一步。

## 大型万方级新锐:"浚海5""浚海6"号姐妹耙吸挖泥船

该型"海"系列耙吸船总长131.30

> 图312 广州航道局10 288立方米耙吸挖泥船"浚海6"号

米、垂线长122.3米、型宽25.4米、型深9.8米，设计吃水7米，结构吃水8.45米，载重量15 570吨，航速15节，舱容10 288立方米，推进柴油机2×5 780千瓦，轴带发电机2×2 500千瓦，辅发电机组800千瓦，挖深28/39/45米，泥泵功率1 300/2 600千瓦，分别于2010年、2012年交付。该姐妹船刚投产不久，便在港珠澳大桥建设工程中经受了严峻的考验。

2014年12月28日，港珠澳大桥建设关键时刻，E15沉管安装时遭遇一股从未有过、来历不明的超强回淤，工程进展一度受阻。广州航道局耙吸挖泥船"浚海6"号奉命进驻港珠澳大桥海底隧道施工现场，助其突破管节基槽"突淤"世界级难题。大桥岛隧工程清淤作业首次使用了搭载定位与跟踪（DP/DT）系统的"浚海6"号挖泥船，该系统可自动排除风浪流的影响，对清淤位置进行精准定位，并以比此前清淤船快10倍的速度进行清淤。最终出色完成了被赋予的使命。

> 图313 "突淤"来袭，"浚海6"号耙吸挖泥船临阵"救驾"中

### 水中"地鼠王"
# 中国著名绞吸挖泥船

**21**世纪以来,我国疏浚装备建设取得了重大进展,特别是绞吸挖泥船,装船功率9 000千瓦以上的大型绞吸挖泥船在我国就建造了约30艘,占世界同类新建船的40%。

 巨型绞吸挖泥船:3 500立方米/时"新海鳄号"

2006年10月,"新海鳄"号在南通命

> 图314 "新海鳄"号

第5章 迎头赶上——中国挖泥船快速发展

名投产，这是当时国内最大的绞吸挖泥船，它的建成对长江口和沿海水域航道疏浚、吹填、航务及水利工程的施工等均产生了积极的影响。

"新海鳄"号大型绞吸挖泥船总长97.8米、型宽17.2米、型深5.0米，满载吃水3.67米，总装机功率14 576千瓦，疏浚能力3 500立方米/时，最大挖深25米，排距大于6 000米，是当时国内自行设计和建造的最大的绞吸挖泥船，适用于挖掘粉砂、黏土、中度硬质土。按绞吸挖泥船新的分级标准，"新海鳄"号当属"巨型"绞吸挖泥船（装船功率大于13 000千瓦）。

该船可在1秒内将25米水深下1立方米的泥沙"搬"至7千米之外，而这种巨大的效率来源于它无与伦比的14 600千瓦总装机功率，以及装有流量为2 800立方米/时、扬程为90毫米的高压水泵系统。别看它个子不大，这就好比强劲的火车头，能轻易带动几十节车厢，24小时连续急驶一样。

 采用先进钢桩台车定位系统：
"天狮"号大型绞吸挖泥船

3 000立方米/时"天狮"号大型绞吸挖泥船，从开工到建成仅用了10个月时

> 图315 "天狮"号绞吸挖泥船

间，2006年9月完工交付。它一举打破了国外在10 000千瓦以上现代化大型绞吸挖泥船建造上的垄断地位，且造价仅为国外的1/2。

该船长106米、型宽18.2米、型深5.2米、设计吃水3.5米，最大挖深25米，最小挖深5米，产量3 000立方米/时，最大排距6 000米，采用先进的钢桩台车定位，是同期国内建造的最先进大型绞吸挖泥船之一。

"天狮"号2006年诞生时曾受到质疑，为此天津航道局专门组织比赛，结果"天狮"号各项指标领先斩获第一。这"成名一战"标志着我国具备了设计和制造大型先进绞吸挖泥船的能力。

"天狮"号绞吸挖泥船是首批由国内自主设计、自主建造的大型绞吸挖泥船之一。其浅水倒桩技术也是国内首次采用，使得倒桩不再受潮水限制。该轮上还设置了天津航道局自主研发的自动倒桩系统，每次倒桩时间由两三天缩短为20多分钟，极大地提高了效率。

### 更注重海洋环境保护："天麒"号巨型绞吸挖泥船

2009年8月9日巨型绞吸挖泥船"天麒"号在天津港正式投入使用。该船总长

> 图316　17 280千瓦巨型绞吸挖泥船"天麒"号

> 图317 姐妹船"天麟"号绞吸挖泥船

120米、型宽20.3米、型深6.6米,最大挖深30米,总装机功率17 280千瓦,挖泥生产量每小时可达4 500立方米,排距6 300米,长管道能把泥水吹送到6 000米之外,总吨位4 950吨。

该船装备了国际先进的ABB电气设备和变频控制系统、绞吸挖泥船自动控制系统、钢桩台车装置系统、浅水倒桩系统、三缆定位系统,抗风浪能力强,绞刀功率2 000千瓦,桥架质量超过600吨。它适合挖掘黏土、密实砂土、碎石土和强风化岩,主要用于国内外大型疏浚工程。为保护海洋环境,该船采用海水替代牛油润滑绞刀轴,以期减少船舶在施工中对海洋造成的污染。

"天麒"号巨型绞吸挖泥船的姊妹船为"天麟"号。

## 绞刀系统采用水下电机:"新海豚"号巨型绞吸挖泥船

3 500立方米/时绞吸挖泥船"新海豚"号,船长104.4米、型宽19.6米、型深5.2米,总装船功率14 576千瓦,绞刀功率2 200千瓦。该船为整体式、单甲板、钢质箱型绞吸挖泥船,主要用于沿海水域疏浚、吹填等航道、航务及水利工程的施工。

该船设有2种适应挖掘不同土质的绞刀,可适用于挖掘软质土、粉细砂、中粗砂、砂质黏土、卵石、砾石、珊瑚礁和软

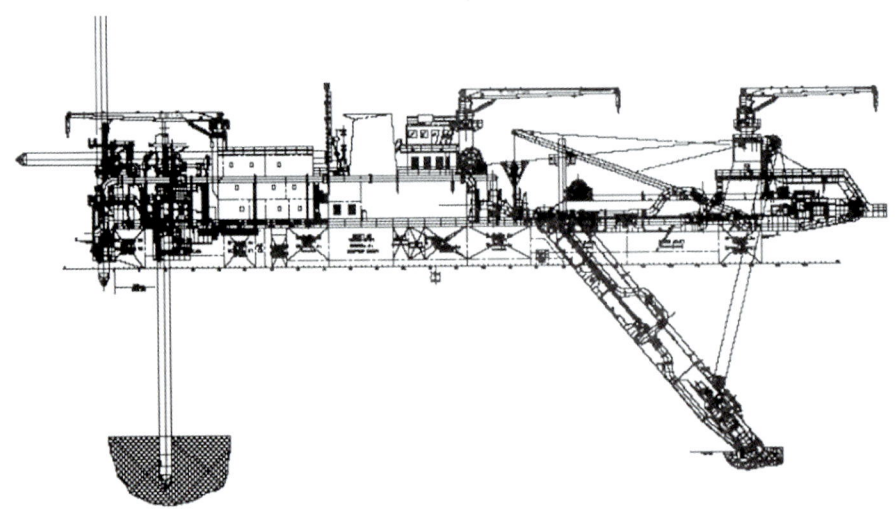

> 图318 "新海豚"号绞吸挖泥船总布置侧面图

> 图319 "新海豚"号绞吸挖泥船在调遣中

质岩石。该船的绞刀系统采用了水下电机、短轴系传动,可在桥架倾斜角为0~60度的任意角度下、最大海水深度约30米处正常工作,对桥架大变形具有良好的动态适应性,具有可靠的深水密封性能和良好的防沙、防腐等功能,可承受绞刀工作中产生的双向2 500节的巨大推力(瞬时最大推力为3 750节)。

第5章 迎头赶上——中国挖泥船快速发展

###  巨型绞吸挖泥船："长狮1"号、"新海鲲"号

"长狮1"号绞吸挖泥船总长103米、型宽19米、吃水3.8米、最大挖深28米，总装机功率13 600千瓦，疏浚能力为3 580立方米/时，适用于沿海港口和码头开挖、航道疏浚等工程，是一艘具备先进水平的绞吸挖泥船。

与"长狮1"号尺度相近的还有"新海鲲"号绞吸挖泥船，总长103米、型宽19米、型深5.2米，挖深27米，产量3 500立方米/时。

> 图321 "新海鲲"号绞吸挖泥船

###  世界最大非自航绞吸挖泥船："新海旭"号

"新海旭"号是迄今世界规模最大的非

> 图320 "长狮1"号绞吸挖泥船

> 图322 "新海旭"号绞吸挖泥船（2018年）

自航绞吸挖泥船，船长138米，装船功率达创纪录的26 100千瓦，于2018年3月交付。其核心设备均实现了国内设计和制造，这标志着我国大型绞吸挖泥船的设计、制造和使用形成了完整技术体系，总装建设和核心设备建造已形成完整产业链。

如何设计？关键部件选用何种材料？主要设备如何匹配？没有资料和先例参考。上海交通大学研发团队调研了几乎所有相关船型，边学、边做、边改，步步攻克关键技术，逐步掌握最核心技术。研发设计的"新海旭"号究竟有多强？按每天16小时工作量来计算，"新海旭"号每天可以疏浚10万~12万立方米沙土，"一条船一天的挖掘、输送量可以把一个足球场堆高约18米6层楼房那么高"。

我国研制的海上大型绞吸挖泥疏浚装备成果已应用于伊朗、新加坡、巴基斯坦、苏丹、缅甸等17个国家的103项工程，遍及亚洲、非洲、南美洲等。在沙特吉赞人工岛疏浚项目中，加速了吉赞经济城的整体施工进度；在马来西亚关丹深水港项目中，推动了马来西亚东海岸建设及当地经济发展；而阿尔及利亚舍尔沙勒新港口项目，建成后将成为地中海最大的海上运输中心，也被称作"通往亚洲之门"……

### 亚洲疏浚双神器："天鲸"号、"天鲲"号

在总结"航绞2001"号、"新海鳄"号、"天狮"号等绞吸挖泥船设计建造经验基础上，短短几年间相继新建了三四十艘绞吸挖泥船，而且越造越大，其中最引人瞩目的当属亚洲排行第一和第二大的自航绞吸挖泥船"天鲲"号、"天鲸"号。

**"天鲸"号自航绞吸挖泥船**

"天鲸"号自航绞吸式挖泥船，开建

第5章 迎头赶上——中国挖泥船快速发展　187

> 图323 "天鲸"号自航绞吸挖泥船（2010年）

时间2008年4月28日，建设周期21个月，2010年1月交付。该船总长127.5米，吃水6米，设计航速12节，总装机功率为19 200千瓦，最大挖深30米，最大排泥距离6 000米，绞刀功率4 200千瓦，挖掘效率为4 500米/时。装机功率、疏浚能力及技术性能指标居于当时亚洲第一，技术先进性和结构复杂程度在世界同类船舶中位居前列。

"天鲸"号自航绞吸挖泥船，是我国吹沙填海的利器。"天鲸"号如一名钢铁战将，在一方海域展现魅力。因其强大的挖掘和吹填能力，被网民爱称为"造岛神器"。其每小时可挖掘4 500立方米的海底混合物，这相当于可以挖出一个标准足球场面积、半米深的坑。长管道能把泥水吹送到6 000米之外。其绞刀功率高达4 200千瓦，胜过当时国内已有的任何一艘绞吸挖泥船，可挖中等硬度岩石。

"天鲸"号从船首到船尾，从主船体内到上甲板，乃至艉艛楼的甲板上，布满了大量专用设备。走上"天鲸"号甲板，不会有"上船"的感觉，从外观上看它更像是一个建筑工地——四周和头顶都是钢架和吊臂，只不过这个"建筑工地"非常干净，没有尘土飞扬。由于"天鲸"号自带"建筑工地"的属性，走出船舱，就必须戴上安全帽。复杂的挖泥专用设备使得该船总布置、型线和结构设计比普通运输船舶复杂得多，填补了国内对该型船设计建造的空白。

"天鲸"号强大的能力归功于其坚实的"拳头"——位于船头位置（绞刀架前端）的绞刀。平时从照片上很难看出这个"拳头"真正的个头，只有站在它面前才会被震撼到。这种专门用于挖掘岩石的绞刀单个刀齿造价高达1 500元。该绞刀由4 200千瓦的变频电机驱动，不仅可以疏浚黏土、密实沙、碎石，还可以开挖耐压为40兆帕中风化及强风化的岩石，比如花岗岩。它的建成改变了人们清除海底岩石的方式，可大大减少海底爆破工程的数量，增大工程安全系数，也可减少对海洋的污染。

"天鲸"号能在8级风浪条件下作业，并且能够在坚硬土质插桩，且定位精确牢靠，可在狭窄水域施工。其电气设备与自动控制系统均具备目前世界先进水平，具

> 图324 "天鲸"号自航绞吸挖泥船侧颜

第5章 迎头赶上——中国挖泥船快速发展

> 图325 "天鲸"号自航绞吸挖泥船的绞刀正面照

> 图326 非常大而强有力的绞刀

> 图327 "天鲸"号自航绞吸挖泥船的绞刀

> 图328 操控室

有驱动功率大、启动平滑、控制精确等特点,并且实现了自动挖泥与监控。

船上装有3台高效泥泵,可以将挖上来的泥沙石块通过驳船,运到其他地方,拓展了疏浚范围,具备无限航区的航行能力,灵活机动,调遣方便,适应能力强。

"天鲸"号装备了当时国际上先进的挖泥设备及自动控制系统。约四五十平方米的驾驶舱内高科技感十足,令人第一时间联想到科幻电影中的太空船驾驶舱。所有挖泥设备的操作集成在约2平方米的操作台上,点击鼠标或按钮便可完成设备的远程操作。工作人员表示,船员甚至可以一边挖泥操作,一边悠闲地喝茶。

## "天鲲"号自航绞吸挖泥船

"天鲲"号起名来源于山海经。在"天鲲"号未建造以前,亚洲最大的绞吸式挖泥船是"天鲸"号,但自"天鲲"号横空出世以来,"天鲲"号当仁不让地占据了亚洲最大绞吸挖泥船的宝座。而且最令国人骄傲的是这个亚洲绞吸挖泥船的"老大"——"天鲲"号可是纯中国血统,完全中国设计、中国制造;曾经的亚洲绞吸挖泥船的"老大"——"天鲸"号则是半中国血统,中外联合设计、中国制造。

该船长约140米、宽27.8米,吃水6.5米,最大挖深35米,融合了当前世界最

> 图329 "天鲲"号自航绞吸挖泥船靠在码头,沐着霞光

第5章 迎头赶上——中国挖泥船快速发展

> 图330 装船功率25 680千瓦自航绞吸挖泥船"天鲲"号的建造项目开工仪式

新科技,全船动力装置均采用电驱形式,总装机功率达25 680千瓦,装备了世界最强大的挖掘系统,绞刀电机功率5 000千瓦,最大功率可达7 500千瓦,标称生产能力约为6 000立方米/时,航速可达12节。它配置通用、黏土、挖岩及重型挖岩共4种不同类型的绞刀,不仅可以疏浚黏土、密实沙质土、砾石、珊瑚礁,还可以开挖硬度更高(压强度50兆帕以内)的岩石,并具有无限航区的航行能力和装驳功能。

那么,被外界誉为亚洲最强绞吸挖泥船的"天鲲"号到底有哪些实力呢?该船的设计坚持了高适应性、高生产效率、高

> 图331 "天鲲"号自航绞吸挖泥船的绞刀

经济性、高可靠性、高自动化、高保障能力、高绿色环保、高人性化设计的"8H"研发标准，融合了全电驱动力装置、超强挖掘系统、超长排距等顶尖科技，旨在突出船舶的卓越性能。

① 装备水平高。该船装备了亚洲最强大的挖掘系统、最大功率的输送系统和当前国际最先进的自动控制系统，泥泵输送功率达到 17 000 千瓦，为世界最高功率配置，可实现自动挖泥、监控及无人操控，极大提高作业效率，适用于沿海及深远海港口航道疏浚及围海造地。

"天鲲"号比我国以前挖泥船能力提升了一大截，它能挖比较硬的珊瑚礁或者是岩石，是珊瑚礁的"克星"。工作时先将吸泥管插入海中，利用前端转动的锋利绞刀切开岩石、绞松水底的土壤，与水、泥混合成泥浆，经过吸泥管吸入泵体，泥沙和碎石的混合物通过输泥管输送至排泥区，远程输送能力 15 000 米。直观来看，绞吸挖泥船都拖着一根长长的"脐带"，一端连着船体，另一端连接排泥区，使泥沙和碎石在万米之外的预定地点堆积。

② 挖掘本领高。该船能在不到一周的时间里，在岛礁上搭起一个北京水立方大小的沙石堆。作为对比，我们可以让"天鲲号"与"天鲸号"比拼一下（表5）。

③ "天鲲"号具备双定位功能，除了钢桩台车定位，还加设有一套三缆定位装置，使该船不仅增强了应对恶劣海况的能力，还有望增大挖深。

④ 环保要求高。船上专门配备了低硫转换装置、具有自主知识产权的新型泥泵封水泵、智能海水冷却系统，达到节能环保的要求。

⑤ 船员舒适度高等。该船上层建筑与主船体的连接安装了主动气动减震装置，可以有效减少和隔绝船舶施工期间低频振动对上层建筑的影响，保证船员居住生活舒适和设备运转的安全。施工期间在舱里打开电脑，把鼠标放在桌子上，光标会纹丝不动。

"天鲲号"的成功下水标志着中国在自航绞吸挖泥船方面走完了整船进口、中外合作设计制造、国内自主设计建造的全过程，打破了长期以来国外在这一领域的技术垄断。它的启航标志着中国"智"造将再一次引来全世界的瞩目。这艘被媒体称为"造岛神器"的挖泥船大幅提升了我国填海造陆、航道疏浚、港口建设等领域能力。由于具有无限航区、全球航行的能力，未来"天鲲号"将能赴全世界执行任务，更好地满足国家经济发展和国防建设需要。

> 图332 "海上大型绞吸疏浚装备的自主研发与产业化"项目荣获国家科技进步奖特等奖

表5 "天鲲"号与"天鲸"号挖掘本领大比拼

| 比拼项目 | 能 力 比 拼 | 比拼结果 |
|---|---|---|
| 挖掘能力 | "天鲸"号：4 500立方米/时；<br>"天鲲"号：6 000立方米/时 | "天鲲"号大胜 |
| 输送距离 | "天鲸"号：6 000米；<br>"天鲲"号：15 000米 | "天鲲"号大胜 |
| 定位能力 | "天鲸"号：自动定位，八级风浪作业，定位钢桩98吨，可以扎入海底泥沙来定位；<br>"天鲲"号：双定位系统，八级以上风浪作业，定位钢桩183吨，能扎入岩石定位 | "天鲲"号大胜 |
| 挖掘深度 | "天鲸"号：30米；<br>"天鲲"号：35米 | "天鲲"号小胜 |
| 绞刀能力 | "天鲸"号：40兆帕岩石；<br>"天鲲"号：50兆帕岩石，4种绞刀 | "天鲲"号小胜 |

> 图333 "天鲲"号自航绞吸挖泥船回转试航中

挖泥船

> 图334 "天鲲"号自航绞吸挖泥船试航中

> 图335 "天鲲"号自航绞吸挖泥船定桩示意图

> 图336 "天鲲"号自航绞吸挖泥船的定位桩恰似擎天之柱铿锵有力

> 图337 "天鲲"号自航绞吸挖泥船挖泥作业分解动作

# 第 6 章
# 未来挖泥船技术展望

**当**今,利用挖泥船进行航道的开挖与疏通、水利灌溉、防洪与筑坝等传统的功能作用已为世人认可,但疏浚理念正进行着重大变化。传统的维护性疏浚只是其中的一部分,而越来越多的是为港口、工业和人居工程开发新的陆地;为近海管线、海底电缆开沟回填;环保疏浚以及海滩养护、海底采矿等工作均离不开挖泥船的身影。

未来,疏浚业也将面临可持续发展。而可持续的定义是:满足当代人发展的需要,又不损及后代人。因此,积极推行"适宜技术"绿色发展理念,促使挖泥船从建造到使用全过程越来越顾及对社会环境的影响。疏浚日渐走向深远海将是不争的事实,注重环保是其中一个重要方面。挖泥船船型的大型化及相关设计技术能效问题(绿色设计理念)将日益受到重视……

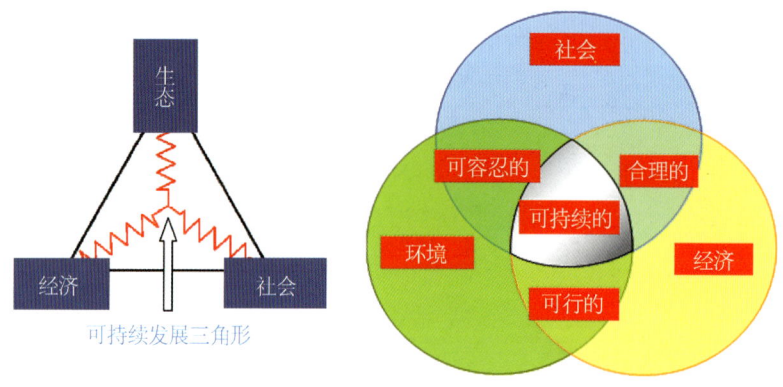

> 图338 疏浚业可持续发展必须兼顾社会、经济和生态三要素的绿色疏浚理念

## 高效节能,"大"行其道

**自**20世纪90年代中期,超大型挖泥船问世后的规模效应显著降低了疏浚单方成本,大大提高了拥有此类挖泥船的疏浚公司在疏浚市场上的竞争力。因此,在进入21世纪的十几年间,国外疏浚公司,尤其是欧洲四大疏浚公司相继投入巨资,纷纷建造舱容超过30 000立方米的自航耙吸挖泥船和总装

第6章　未来挖泥船技术展望

> 图339　欧洲德米集团首建15 000立方米双燃料耙吸挖泥船在广州中远海运下水（2018年）

机功率超过23 000千瓦的自航绞吸挖泥船。

在自航耙吸挖泥船和绞吸挖泥船这两种主要挖泥船中，超大型挖泥船均为欧洲四大疏浚公司所有，特大型挖泥船也有相当数量。由此可以反映它们在世界疏浚市场上的实力和竞争力，也能看出挖泥船继续大型化的趋势。

## 绿色环保，"智"者为先

**随**着社会经济的快速发展，全球气候不断恶化，大气污染问题愈加突出，成为危害人类健康、制约人类文明发展的一个重要因素，而传统化石燃料的大规模使用正是造成这类污染的主要原因。对正处于快速发展的中国来说,寻找及推广更加环保的替代能源迫在眉睫。

清洁能源技术与产业作为全球气候变化和能源危机背景下各国公认的未来经济发展的重要方向,已经受到各国政府和国际组织的广泛关注和资金支持。欧盟、美国、中国等主要经济体都在技术研发、产业促进以及技术与产业战略布局上做了大量工作,国际竞争和合作也初现端倪。中国更要抓住这一经济发展机遇,善加利用,为民造福。

## 核动力挖泥船

我们知道,中国目前最大的两艘挖泥船是"天鲸"号和"天鲲"号,都是自航绞吸挖泥船,在相关海域的岛礁吹填中发挥了重要的作用。

但是,由于吹填造岛工作往往在远海,而且一待就是很长时间,普通挖泥船动力和燃料都不足以支持。如果有了核动

> 图340 核动力耙吸挖泥船方案模型

> 图341 "天鲲"号自航绞吸挖泥船在吹填工作,将海沙、岩石以及海水混合物输送到最远15 000米的地方

力挖泥船，吹填造岛的效率将大大增加。更加关键的是，在造岛过程中，核动力挖泥船的动力系统还可以为陆上工地提供源源不断的电力来源，使得整个工地工作效率大大提升！

在大连举行的第十三届大连国际海事展上推出了一款新型核动力船舶。让观察家们吃惊的是，这居然是一艘超大排水量的核动力挖泥船，就是将核动力系统装在挖泥船上面！

相信有了核动力挖泥船，人们在相关海域的吹填作业效率将更高，速度将更快。

 **双燃料动力挖泥船**

全球气候变暖已经成为国际社会共同关注的热点问题，温室气体大量排放作为全球气候变暖的主因受到各界重点关注。自2011年起，国际海事组织（International Maritime Organization，IMO）就将能效与减排当作工作重点。

液化天然气（LNG）能源不仅清洁，而且储量充沛，甚至比石油的储量还要丰富，是解决环境问题的理想能源。挖泥船作为在港口、沿海航道甚至城市周边河道疏浚作业的船舶，其排放对城市大气环境影响巨大。因此，开发使用LNG能源的绿色挖泥船，将成为建设绿色环保可持续发展城市的趋势。

德米集团率先开始了LNG动力挖泥船的研制，这其中有即将交船的15 000立方米双燃料耙吸挖泥船"BONNY RIVER"号。我国LNG动力挖泥船的研制也紧跟世界脚步，中国船舶及海洋工程设计研究院（MARIC）自主开发了12 000立方米双燃料耙吸挖泥船"PACIFIC MERCURY"号。

德米15 000立方米双燃料耙吸挖泥船"BONNY RIVER"号全长158米、型宽30米、型深13.7米，设计航速16.62节，泥舱舱容15 000立方米，最大挖深102米。该船设置了2台8 000千瓦的双燃料发动机，采用"一拖三"的复合驱动形式，可以使用燃油和天然气为原料，但船舶在建造时LNG气罐并没有安装，只是预留了LNG气罐的安装位置。

12 000立方米双燃料耙吸挖泥船"PACIFIC MERCURY"号总长约133米、两柱间长125米、型宽28米、型深12.6米、夏季吃水7.5米、挖泥吃水8.9米，泥舱容量12 000立方米，载重量18 700吨；采用"一拖二"的复合驱

**国际海事组织**

国际海事组织是联合国处理海上安全事务和发展海运技术方面的专门机构之一，原名为政府间海事协商组织，简称海协。

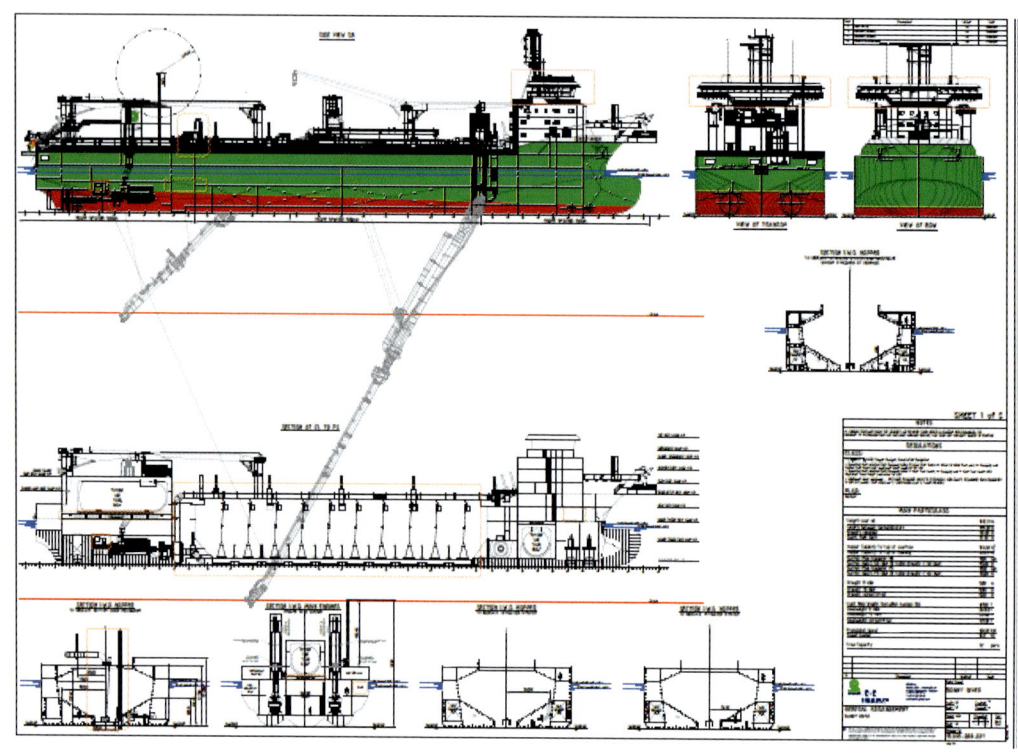

> 图342 德米集团15 000立方米双燃料耙吸挖泥船"BONNY RIVER"号

动形式,设2台6 000千瓦的双燃料发动机,每台发动机分别驱动螺旋桨和轴发,轴发功率5 790千瓦;电动舱内泥泵2×1 400千瓦×4 000千瓦,电动高压冲水泵2×1 200千瓦,挖深20米/35米,航速14.5节;配置2只LNG储罐,布置在泥舱顶部,每只气罐容量约500立方米,并在左、右舷各配置一个LNG加注站。

该船适用于港口、沿海航道的疏浚、吹填工程,并兼作沿海维护工程;为便于LNG液罐的布置,采用W形泥舱和双列泥门的形式。

绿色能源浪潮下,LNG燃料作为船用燃料具有长远的发展前景,是打赢蓝天保卫战的必要组成部分。

船舶技术发展,走过了一条由节能到节能环保到绿色再到当前绿色与智能并举的道路,而未来船舶技术发展必然是绿色与智能的融合。一切为了我们的共同家园,这已经是所有人的共识。

一方面,降低运营成本是航运企业不变的追求,国际海事环保要求也只会愈加严格,这就要求船舶越来越绿色化。绿色船舶的概念并不仅仅是船舶本身,其内涵更为丰富,是指在船舶的全生命周期内

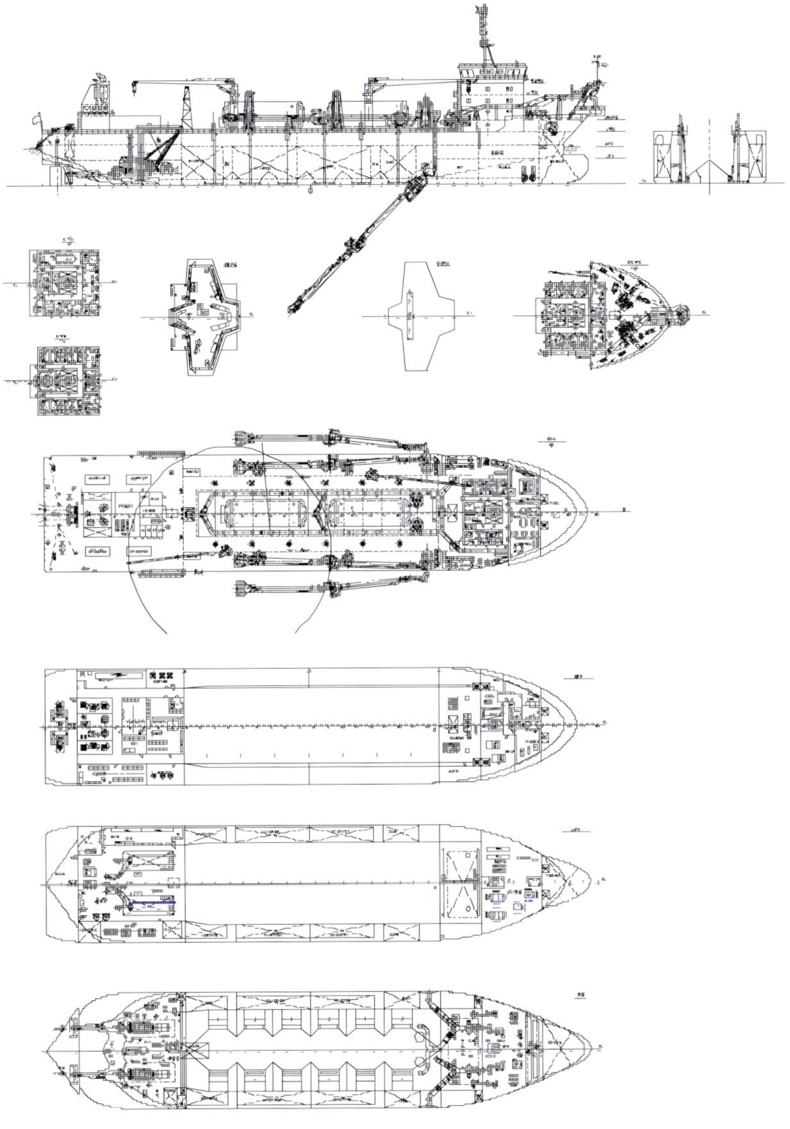

> 图343　12 000立方米双燃料耙吸挖泥船"PACIFIC MERCURY"号

（设计—建造—营运—拆解）采用先进技术，在满足功能和使用性能要求的基础上，实现节省资源和能源消耗，并减小或消除造成的环境污染，绿色船舶应当具备环境协调性、技术先进性和经济合理性三个基本要素。其中，环境协调性尤其重要。

另一方面，随着互联网技术、大数据分析技术、人工智能技术等发展，工业产品正从"数控一代"向"智能一代"跃进，挖泥船也不可能例外。绿色船舶技术和智能船舶技术发展侧重点并不相同。绿色船舶技术主要包括：船型优化节能减排技术；动力系统节能减排技术；配套设备节能减排技术；减振降噪与舒适性技术等。

随着技术不断向前发展，船舶绿色化与智能化必然走向融合，以此向市场提供更能够满足客户要求的产品。未来船舶将集完善的智能航行、智能船体、智能机舱、智能能效管理、智能货物管理、智能集成平台六大系统于一体，且能耗大幅降低，污染物近零排放，真正实现生态环保、智能运行。

## 极目远眺，探究"深海"

国际大型疏浚公司也一直非常注重加强疏浚绿色环保功能，特别是重点研究污染底泥疏浚技术，并不断研究制造出用于污染土疏浚的装备，妥善解决污染土在水下扩散形成的二次污染。提高浓度、施工精度减少疏浚污染土的处置方法，荷兰、日本、美国都处于国际领先水平。日本的空气压送船基本可以达到"原状土疏浚"。比利时国际疏浚公司研制的环保绞刀头为螺旋切割型，并带防护罩，螺旋刀头始终与河道保持水平，对水体的扰动小，不会产生漏挖，从而使浑浊度、溢漏和需要处理、储存的污染物数量减至最小。这就意味着，今后我们将致力于开发设计更多顺应时代需求的挖泥船装备，参与到经济建设和人类生活的诸多方面，以更好地为人类社会造福。

"挖-运分离"的高效疏浚、低成本运输模块化组合的理念是一种创新理念，它给越来越多走向深海的疏浚工程赋予了新的生命力。不难发现，挖泥船的关键是疏浚装备，如果大胆设想，将母船设计成通用型，其他疏浚装备做成模块化，然后按不同的用户需求进行组装搭建，形成不同的挖泥船去工作，这就如同拼装一个巨型的"乐高"，组装完毕后就可以投入应对各种疏浚状况，这不失为一种发展前景。

### "Ro-Ro深海疏浚系统"新概念的推出

为进一步简化作业流程，降低疏浚单

> 图344 Ro-Ro深海疏浚系统平台概念

价和提高疏浚设备的利用率,开创耙吸挖泥船深海作业新模式,国内外疏浚界同仁一直在求索之中,近年来荷兰达门疏浚设备公司(DAMEN)开发的"Ro-Ro深海疏浚系统"就是其中一例。

正在深度开发中的"Ro-Ro深海疏浚系统"是一套全新构想的疏浚装备,为以前不能进行疏浚的水域以及为海上石油开采、深海采矿业等提供了疏浚作业的可能性。此方法由放置在具有可用甲板空间的任意一艘船上的模块化疏浚设备所组成,所依托的船舶甚至可以是闲置船舶或二手

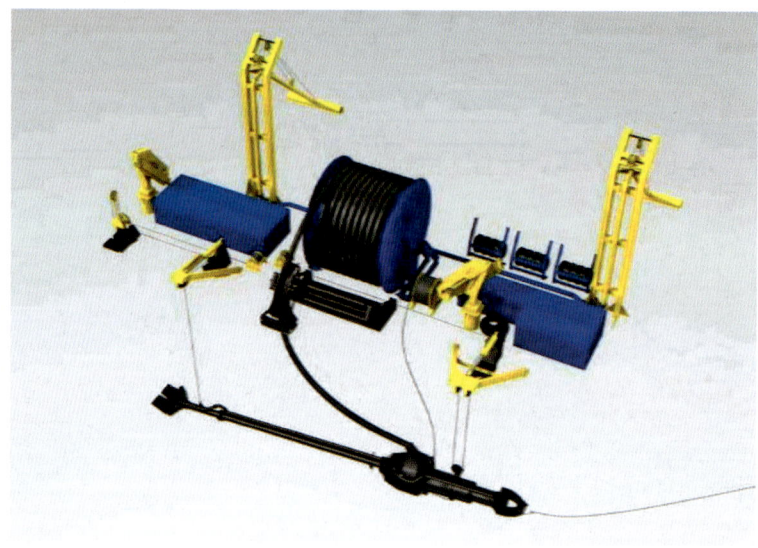

> 图345 "Ro-Ro深海疏浚系统"设备配置图

> 图346 在MARIN进行的船模并排航行作业试验

船（唯需有可利用的甲板空间）。通过设于船上模块化疏浚设备，可连续不断地将泥沙吸入与挖泥船并排航行的驳船内。疏浚设备由一个与软管相连接的水下挖掘装置组成，通过船上架设的钢缆悬挂于水中，疏浚水深不受耙管长度限制，因此也不受船长的限制，这显然不同于常规耙吸挖泥船装备。据介绍，该项创新装备曾在荷兰MARIN水池进行过系列试验，与常规耙吸挖泥船的"挖-运分离"模式进行过成本效益的对比分析，对离岸很远且水深在100米以上的深海疏浚作业具有明显优势。

超大型耙吸挖泥船不仅建造费用昂贵，且在100米以上的深海进行疏浚时成本费用也相当高，"Ro-Ro深海疏浚系统"所需投资小，而且这种设备可以连续使用，闲置时间短，能较好地利用投资，因此疏浚物的单方成本较低。运沙的驳船和拖轮可以从当地市场上临时租赁，从而降低了直接投资的成本。

该系统的关键是离岸水域条件下，上述简易疏浚设备如何能够确保连续稳定的疏浚产量，而又不易受到风浪流的干扰。

## 无泥舱双体耙吸挖泥船+自航泥驳创新组合

在2013年于布鲁塞尔召开的第20届世界疏浚大会上，出席会议的中国代表以论文宣读的形式，向出席会议的各成员国代表介绍了我国在疏浚土"挖-运分离"技术的研究方面所取得的一项初步成果，引发与会代表的关注。该论文题目是《无泥舱双体耙吸挖泥船组合疏浚系统方案探讨》（简称"双体耙吸挖泥船创意组合"）。该项研究由中国疏浚协会牵头，会同国内相关单位做了前期研究。

该"双体耙吸挖泥船创意组合"试图在疏浚土"挖-运分离"技术应用方面构建一个全新概念，开创一种新型无泥舱的双体耙吸挖泥船，在两舷外侧分别设置大挖深耙臂，并将所挖泥沙借助装驳系统装入两个片体间的泥驳，待装满后泥驳自行退出并航行至设定吹填处所，后续待装泥驳依次鱼贯而入。整个作业过程中"取"和"运"分别由两种装备完成，作为耙吸挖泥船必备的泥舱以及与泥舱装载相关联的许多装备（如泥门、消能箱、溢流装置、吸排泥系统）在该方案里均被减缩，仅此，挖泥船大大瘦身，单船造价及疏浚土成本得以降低。

作业时，配套用泥驳系于双体船两片体之间，故可启用双耙同时装驳，这是双体船呈现的又一优势，工效明显高于单耙；对驳船而言，以驳运取代耙吸挖泥船输送，运输成本和工程进度均双双受益。

该组合系统主要特点：

① 可有效发挥双体船性能的诸多优越性，如吃水浅、兴波阻力小、操纵性能好等。

② 作为疏浚主船，船体尺度、装船设备以及造价可大幅缩减。

③ 装驳时泥驳始终处于两片体之间，

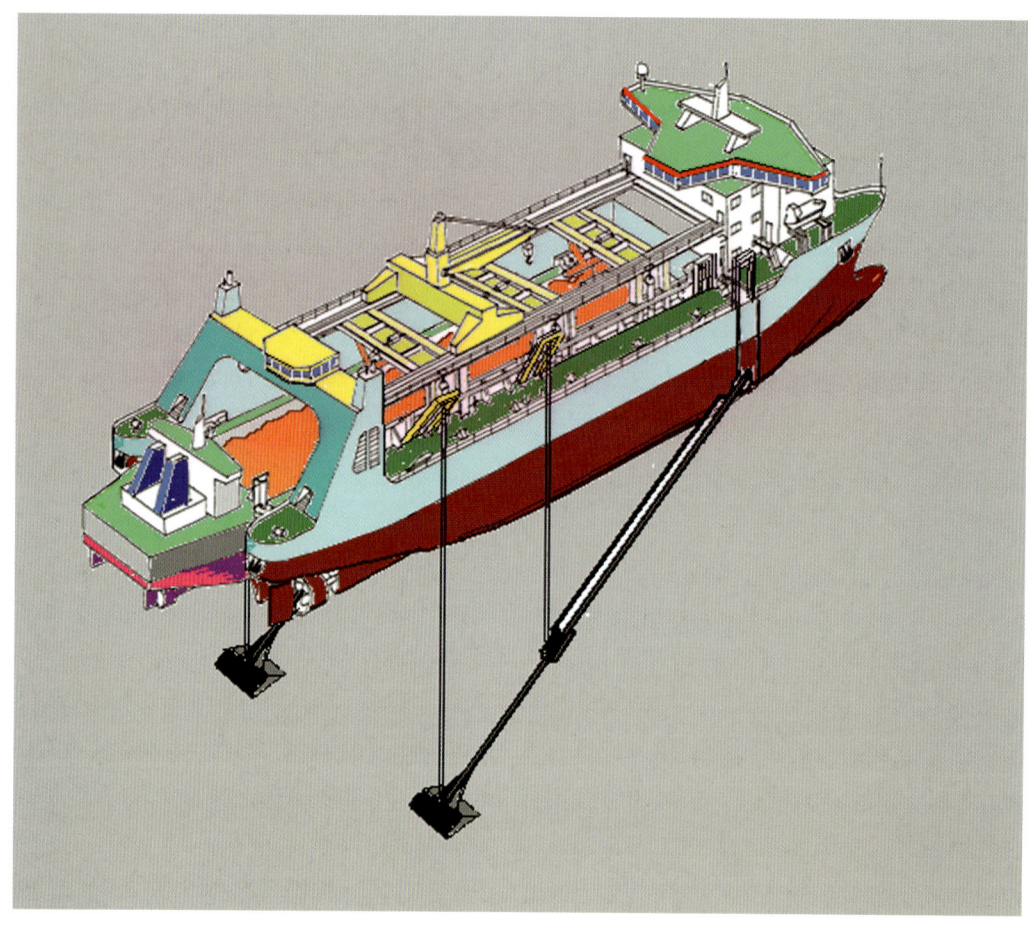

> 图347 "双体耙吸挖泥船创意组合"作业示意图

整体抗风浪性能可望增强。

④ 能同时实施双耙装驳,速度快,且冗余度高。

目标船型规模及主要技术形态:方案侧重于未来深远海大型取砂工程的市场需求,耙吸挖泥船拟同10 000立方米泥驳匹配,泥驳宽约26米,双体船总宽拟定48米,而2014年拓宽工程竣工后的巴拿马运河,允许通航的最大船宽为49米,故该组合体横跨两洋作业应无问题。

主要技术参数:该双体船满载排水量在10 000吨以下;最大结构吃水不超过7.0米,与30 000立方米级超巨型耙吸挖泥船相比,具有良好的调遣及作业灵活性;装船功率约10 000千瓦,功率因素(千瓦/立方米)有望控制在1.0左右;正常挖深

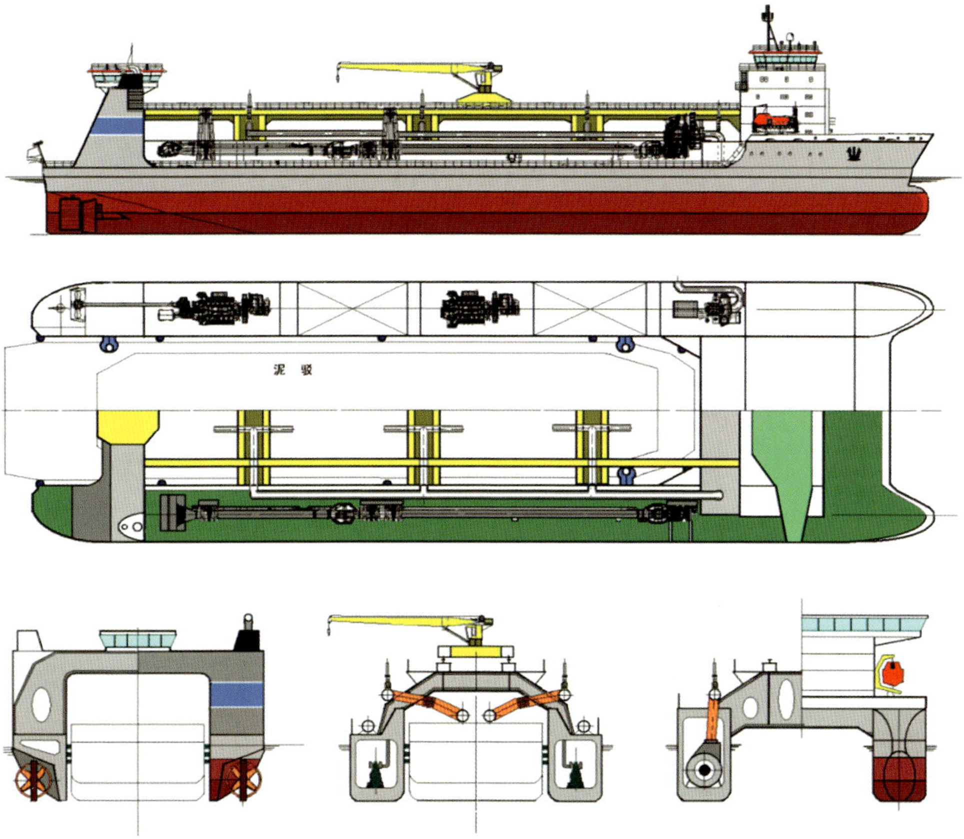

> 图348 "双体耙吸挖泥船创意组合"方案系统效果图

60米,最大挖深100米。

技术风险及经济可行性:基于双体船船型技术、常规耙吸挖泥船的疏浚装备技术等基础上形成的一个疏浚组合体,属集成性技术创新,总体上不存在重大技术风险。但这种带有大跨度、小片体的双体船结构,可谓迄今世界上尺度最大的无限航区双体作业船,要满足较高的海况下系泊作业,相关水池试验及局部应力计算有待详细策划。

组合疏浚系统概念能否成立,往往经济效益决定成败。据了解该方案研究同30 000立方米级耙吸挖泥船"VOX MAXIMA"在相同海区等约定条件下进行了产出比较、不同运距下的产量比较以及单方土成本比较等,结果表明:在短运距时,本组合方案不具备对于"VOX MAXIMA"船的优势;而当运距达到50海里以上时,本方案无论在工程进度、单方土成本还是总效益方面均有望领先30 000立方米级"VOX MAXIMA"号。

> 图349 "双体耙吸挖泥船创意组合"作业方案示意图

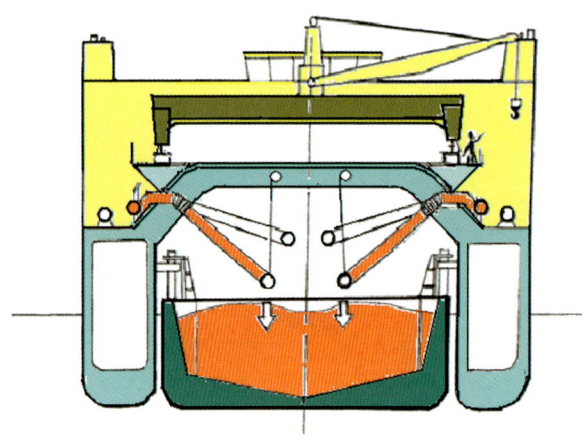

> 图350 "双体耙吸挖泥船创意组合"方案设计模型制作图

## 无泥舱耙吸挖泥船+顶推泥驳创意组合

该设想是：挖泥船自身不带泥舱，根据工程作业的规模、泥沙运送距离等要素确定泥驳的匹配，形成船与驳的组合体。挖泥时既可以双耙作业，也可以单耙作业，其挖取的泥水混合物通过船舷专设的快速接头，直接传输到前方被顶推的配套泥驳上，视情况看是采取1+1组合还是1+2、1+3、……装满后泥驳可脱离撤走。用形象化的比喻，可以说是子母挖泥组合。该组合的明显好处在于可以节省费用。而且组合的吃水亦具有相当的灵活性，最大吃水可控制在8米以内。

国内有关疏浚部门在推进"无泥舱双体耙吸挖泥船+自航泥驳创意组合"前期研究的同时，还联合展开了另一项组合方案的前期研究，即"无泥舱耙吸挖泥船+顶推泥驳创意组合"的预可行性研究。该项研究主要结合未来长江口水域疏浚土如何实现高效、低成本作业而展开的。

该方案设想和美国新近投产的ATB顶推耙吸驳船"艾莉丝岛"号相比，都着眼于简约耙吸挖泥船昂贵的建造成本，不同之处在于：该组合方案是以一艘简约耙吸挖泥船（自身不设泥驳）与多艘泥驳的匹

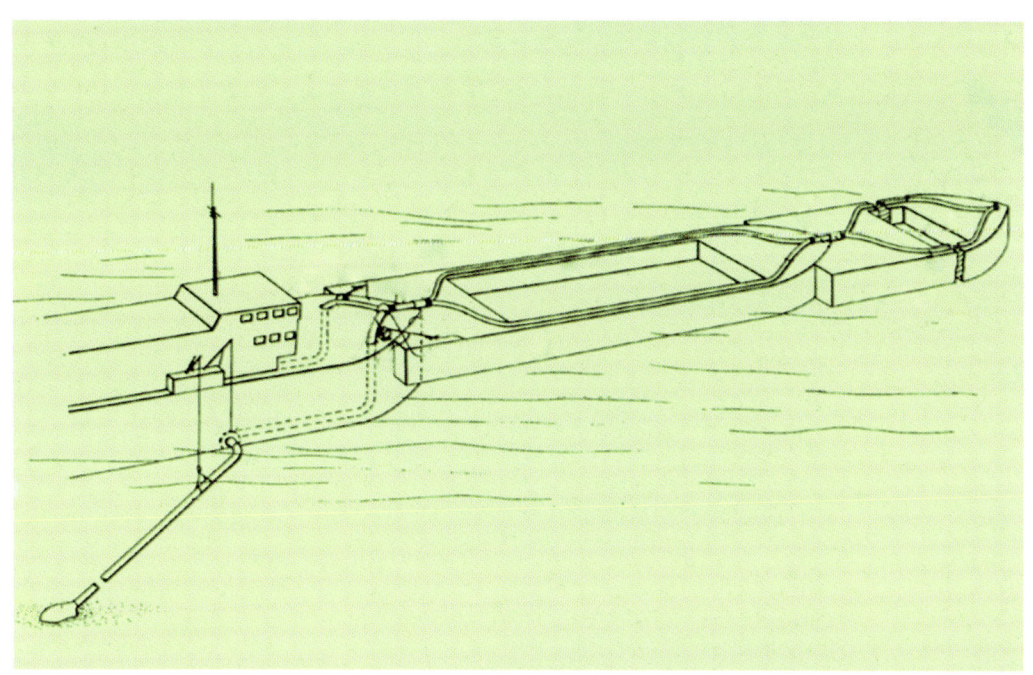

> 图351 "无泥舱耙吸挖泥船+顶推泥驳创意组合"作业示意图

配组合，耙吸挖泥船和泥驳装备可以得到充分利用，不仅产量高，单方土的成本也有望明显下降。和双体船组合方案相比，该无泥舱组合方案技术上的风险及投资成本显然要小得多，有望较快地走向实用。

我国作为一个海洋大国，能源开发从陆地日益走向海洋，并向深海发展，滚装式深井采掘概念等创意构想也在设计师的头脑中勾勒得越来越清晰！我们期待挖泥船这一国之重器，将在更多领域发挥功用。

虽说挖泥船是大国重器，但也与我们的生活息息相关。对于未来挖泥船的展望，大可以在现有船型的基础上天马行空地想象，说不定在不久的将来，外观新颖别致、功能强大的新型挖泥船就能问世，让我们共同期待挖泥船这一国之重器绽放更加绚丽的光芒！

# 参考文献

1. 刘厚恕.印象国内外疏浚装备.北京：国防工业出版社，2016.
2. 钱卫星.挖泥船的分类及其发展趋势.江苏船舶，2008（06）：7-9，47.
3. 邹晟，李竹森，肖汉斌，路世青.抓斗挖泥船疏浚工艺研究与设计［J］.武汉理工大学学报（交通科学与工程版），2014（02）：379-383.
4. 王小锋.抓斗挖泥船疏浚技术的探讨.珠江水运，2017（18）：72-73.
5. 高大伟.抓斗式挖泥船的施工技术.中国港湾建设，2008（05）：40-42.
6. 黄伦超.质量控制（第三版）.北京：人民交通出版社，2013.
7. 张毅.众志扬帆舰船研发设计团队巡视.上海：上海交通大学出版社，2017.
8. 中国疏浚协会.国内外疏浚设备技术性能手册——港航疏浚与吹填设备分册.长春：吉林科学技术出版社，2013.
9. 曾晓光.对未来船舶技术发展的几点认识.中国船检，2018（2）.
10. 刘厚恕.国外大型耙吸挖泥船发展综述.上海造船，2006（4）.
11. 林风.国际疏浚船建造趋势：继续大型化.交通建设报，2019-08-08（7）.
12. 徐瑞哲.挖泥船"新海旭"号将加入"一带一路"港口建设.解放日报，2018-12-28.
13. 王学文.工程导论.北京：电子工业出版社，2012.
14. 胡宏唯.航道疏浚工程中的施工技术.河南农业，2017.
15. 高英智，周禹扬.疏浚工程中成本控制方法分析.珠江水运，2017（10）.

# 后 记

新中国成立以来，我国舰船与海洋工程装备从小到大，由弱变强，实现了跨越式发展，为捍卫我国海疆和保障国民经济的发展作出了巨大贡献。为了使广大青少年和公众读者了解到我国舰船研制的艰难历程和取得的成就，中国船舶及海洋工程设计研究院、上海市船舶与海洋工程学会、上海交通大学及上海科学技术出版社携手，编纂出版"国之重器——舰船科普丛书"，向中华人民共和国建国70周年献礼。

此套丛书编写得到曾恒一院士、潘镜芙院士以及80多位舰船及海洋工程研发设计专家的响应和支持，为其顺利出版奠定了基础。丛书编纂中，注重原创，努力将科学性、权威性、严谨性贯穿始终，把技术性、知识性、趣味性融于一体，把舰与船的专业知识从学术殿堂驶达青少年和公众读者的心田。

上海市船舶与海洋工程学会理事长邢文华、中国船舶及海洋工程设计研究院党委书记卢霖、江南造船（集团）有限责任公司董事长林鸥、沪东中华造船（集团）有限公司纪委书记胡敬东等领导对这套丛书的编撰出版予以多方支持和鼓励，并明确指示：该丛书的编撰是一项系统工程，要求高、时间紧、工作量大，要发挥科技人员的参与意识和普及"国之重器"科学知识的积极性，努力把丛书编好，使它成为一部向广大青少年和公众读者科学普及舰船知识，弘扬海洋文化，开展国防教育的好丛书。

100多位从事舰船及海洋工程科研、设计、建造的专家和老、中、青三代科技工作者参与了丛书的编写。撰写者大多是肩负科研任务的一线科研工作者，只能利用业余时间进行编写；他们不是专业的科普作者，但要完成从建造者到教育者、从设计员到讲解员的角色转换；学术著作可以精尖高深，科普文章却要浅显易懂，要像对学生上课一样，心口相传，绘声绘色，这对他们而言绝非易事。但面对困难，他们不曾退缩。在大家的心中，参与丛书编撰不仅是对投身舰船科研、设计、建造实践的重塑，更是为了中国造船事业后继有人、薪火相传。从领受编撰任务的那一天起，他们酝酿推敲、遴选谋篇、不辞辛劳、不舍昼夜，把对科学的爱、对祖国的情凝练成书香墨宝。

历经2年，这部丛书终于与读者见面了。丛书的编撰得到众多单位支持，并成立丛书专家委员会，严格遵循资料汇总、

## 后 记

提纲拟制、内容撰写、审查把关、全稿统筹的编纂规律，先后多次召开书稿初审会、复审会和终审会，确保内容准确、权威。

因此，"国之重器——舰船科普丛书"具有以下特点：

一是广泛性。丛书涵盖了当今世界主要舰（船）种，内容包括舰船的诞生、发展历程、关键系统设备和发展前景等，是目前已出版舰船科普丛书中较齐全、较系统的一套科普丛书。

二是原创性。目前市场上有关舰船方面的科普图书屡见不鲜，但引进的多，原创的少，而这套丛书立足于国内舰船研制历程，经过精心策划，历经2年的努力原创而成。

三是权威性。丛书由中国船舶及海洋工程设计研究院、上海市船舶与海洋工程学会和上海交通大学主编，联合江南造船（集团）有限责任公司、沪东中华造船（集团）有限公司、上海外高桥造船有限公司、中国海洋石油集团有限公司等单位，还成立了由曾恒一院士、潘镜芙院士领衔的专家委员会对丛书内容进行专业技术上的把关，保证了此书的科学性和权威性。

四是充满情怀。习近平总书记指出：科技创新、科学普及是实现国家创新发展的两翼，要把科学普及放在与科技创新同等重要的位置。丛书正是基于这一精神向全民，特别是青少年介绍舰船科技知识，弘扬科学精神，传播科学思想和科学方法，激发爱国热情，使全民关心、热爱、支持国防建设和舰船事业的发展，为实现强军梦、强国梦尽一份心力。

五是集体创作。老、中、青100多位科技工作者参加丛书编撰，每分册从提纲到初稿、定稿，均经众人讨论、修改，所以说丛书是集体创作的成果。

丛书编写过程中参考了一些书籍和报刊，引用了一些观点和图片，在此表示诚挚的谢意。

船舶设计大师、工程船研发设计专家费龙研究员对本书编写提出意见，仲伟东研究员对本书进行了审阅和修改。在丛书出版发行之际，向各位专家、全体编撰人员，以及关心、支持丛书编撰出版的有关单位和个人表示崇高的敬意。

对于书中不妥之处，希望广大读者予以指正。

张　毅

2018年8月

# 国之重器 —— 舰船科普丛书
# 出版工作委员会

- **主 任**
  温泽远

- **副主任**
  魏晓峰

- **执行主任**
  侯培东

- **策划编辑**
  楼玲玲　陈　立　潘慧中　陈晏平

- **编辑人员**（以姓氏笔画为序）
  王　辉　朱永刚　杨　燕　李　艳　李宏瑞　沈晓平　张　帆　张钰琼　陈　立　陈　晨
  陈晏平　姚晨辉　高军晓　高爱华　楼玲玲　潘慧中

- **美术编辑**
  赵　军　潘慧中

- **技术编辑**
  张志建　吕　伟　陈美生　王晓颖　王永容

- **责任校对**
  朱　虹　陈敏芳　卢文斌　李瑶君　翟　红

- **发行推广**
  罗小林　李　旻　杨　淦　朱旖旎　李宏瑞　陈　立　潘慧中　陈美生

- **特约顾问**
  田小川　李维靖

---

本书内容由中国船舶及海洋工程设计研究院审定。本书所使用的图片由中国船舶及海洋工程设计研究院、上海市船舶与海洋工程学会、上海交通大学、江南造船（集团）有限责任公司、沪东中华造船（集团）有限公司、上海外高桥造船有限公司、中国海洋石油集团有限公司、中船重工第七一四研究所、少年儿童出版社等提供。

特别说明：本书中可能存在未能联系到版权所有者的图片，请见书后与上海科学技术出版社联系。